板書&指導案でよくわかる！

中学校 **1** 年の

道徳授業

35時間のすべて

柴原弘志 編著

明治図書

はじめに

　いよいよ，中学校においても教科書を使用した「特別の教科　道徳」（以下，道徳科）の全面実施による取り組みが展開されます。今後求められている道徳科の授業や評価に対して不安やとまどい・悩みを抱えておられる学校や先生方もおられるのではないでしょうか。本書では，そうした学校や先生方の一助になればと考え，年間35時間の道徳科の授業で使用される教科書の教材をもとに，具体的な学習指導と評価の考え方を学習指導過程・板書及び評価記述の文例と共に掲載させていただきました。多くの方々にご活用いただけることを願っています。

　さてここでは，道徳科において求められている「考え，議論する道徳」について，あらためてその趣旨を確認させていただきたいと思います。これまでも，「考える道徳」の授業に取り組まれてきた先生方は多いと思います。逆に「考えない道徳」の授業をイメージすることの方が難しいはずです。また，通常の道徳授業では，生徒による意見等の交流が行われることも一般的なことではないでしょうか。道徳科において，ことさらに「考え，議論する道徳」の授業が求められている理由は，いったいどこにあるのでしょうか。道徳科の授業づくりや評価の在り方を考えるうえでも，非常に重要な部分ですので確認しておきましょう。

　「幼稚園，小学校，中学校，高等学校及び特別支援学校の学習指導要領等の改善及び必要な方策等について（答申）」（平成28年12月21日）では，「考え，議論する道徳」について，次のように説明しています。

> 　多様な価値観の，時には対立がある場合を含めて，誠実にそれらの価値に向き合い，道徳としての問題を考え続ける姿勢こそ道徳教育で養うべき基本的資質であるという認識に立ち，発達の段階に応じ，答えが一つではない道徳的な課題を一人一人の児童生徒が自分自身の問題と捉え，向き合う

という「考え，議論する道徳」へと転換を図らなければならないとしています。特に「単なる生活経験の話合いや読み物の登場人物の心情の読み取りのみに偏った形式的な指導」からの転換を求めています。これまでの授業において，はたして生徒が，ここでいうところの「自分自身の問題と捉え，向き合う」ことのできるような，いわば「自分事として」考えを深めることのできる授業になっていたかどうかについては，必ずしも十分なものとはいえないのではないでしょうか。また，話し合いの中で「議論する道徳」にまったく取り組んでこなかったということもないでしょうが，それとて，お互いの考えた内容が単に告げられる程度であって，「多様な価値観の，時には対立がある」ような場面設定での意見のからみ合いといったものなどはない，ある意味一面的で深みのない授業で終わってしまっていることはなかったでしょうか。

　授業の中で「議論になる」ということは，前提としてその場に，生徒個々にとって自分とは異なる感じ方・考え方や価値観が存在しているということです。そこでは，必然的に他の人は

なぜそのように考えるのだろうという疑問をもつこととなります。すなわち、生徒一人ひとりに、「疑問」という「問い」が立つということです。授業における発問は、基本的には指導者から発せられるものですが、ここには自らの「疑問」という主体的な「問い」が、一人ひとりの生徒自身に立っているということです。そして、その「疑問」を解決しようと、自ら対話を求めようとしているということです。まさに、ここには今日求められている「主体的・対話的で深い学び」へとつながる可能性が見出されるのです。こうした「考え、議論する道徳」が提起している授業の具体像を正しく捉え、これまでの授業と比較検討することから、よりよい授業づくりへの取り組みを進めることが大切です。

学習指導要領の「第3 指導計画の作成と内容の取扱い」には、

> 生徒が多様な感じ方や考え方に接する中で、考えを深め、判断し、表現する力などを育むことができるよう、自分の考えを基に討論したり書いたりするなどの言語活動を充実すること。その際、様々な価値観について多面的・多角的な視点から振り返って考える機会を設けるとともに、生徒が多様な見方や考え方に接しながら、更に新しい見方や考え方を生み出していくことができるよう留意すること　　　　　　　　　　　　　　（下線：筆者）

と示されています。以上の下線を付した部分は、まさに「考え、議論する道徳」と関連の深い内容です。こうして見てくると、「考え、議論する道徳」は「道徳科」の基本的な学習活動の1つの姿を示しているといえるでしょう。「考え、議論する道徳」は、あくまでも道徳科の特質を正しく踏まえる限りにおいて、今日求められている「主体的・対話的で深い学び」へと道徳科の授業を導くための、1つの方途となるものでもあるのです。

ただし、「議論する」ということを意識するあまり、まず「道徳的諸価値についての理解を基に、自己を見つめ」自問・内省し考えるといった学習活動がおろそかになってはいけません。「議論」の前に、しっかりとした道徳科における「一人学び」・「個人ワーク」が為されてこその「議論」によって、その学びはより深いものへと導かれるのです。また、道徳性の諸様相としては道徳的判断力・心情・実践意欲と態度が考えられており、「考え、議論する道徳」に加えて「豊かに感じ取れる道徳」「実践意欲の高まる道徳」を意識した授業づくりも、これまでと同様に大切にされなければなりません。すなわち、年間35時間の授業をすべて「議論する」ものにしなくてはならないということではないことに留意して取り組みたいものです。

最後になりましたが、本書の執筆にご尽力いただきました先生方に対し、心より御礼申し上げます。本書が、多くの皆様方にご活用いただき、我が国の道徳教育充実に少しでも寄与するものとなることを心より願うところです。

平成31年3月

柴原　弘志

本書の使い方

●掲載教科書

取り上げている教材が，どの教科書に掲載されているかを示しています。黒く色が塗られているものが掲載している教科書です。

※教科書によって，同じ教材でも場面設定等が異なる場合がございます。そのため，本書で取り上げたあらすじや展開例と部分的に異なる場合がございます。また，教材名が各社によって異なる場合，掲載教科書として表示されていない場合がございます。ご了承ください。

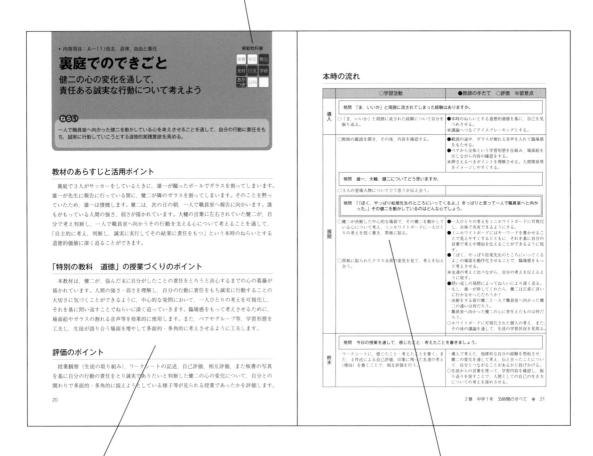

●授業づくり・評価のポイント

「特別の教科　道徳」のポイントである，「考え，議論する道徳」にするための手立てや，授業改善のための評価のポイントが明確にわかります。

●本時の流れ・中心発問（主発問）

中心発問（主発問）にあたるものは，二重線で示してあります。

●**準備物**
本時の準備物を示しています。

●**板書例**
本時の板書例を示しています。
記す内容や書き方がわかります。

準備物
・窓ガラスが割れる音（音声）
・サッカーボール
・場面絵（ひな、割れたガラス、3人の写真）
・ミニホワイトボード（ペン）
・ワークシート

本時の実際

◆導入
授業の始めに問いかけます。「心は見えますか」「心はどこにありますか」「心はどんな形をしていますか」「心の場所は」。心臓付近を指す生徒、頭を指す生徒様々です。

また、「心の形」は円を形づくる生徒、そのときによっていろんな形と答える生徒等様々でした。そして、道徳は自分の心と向き合う時間であることを伝えました。次に、本時のねらいとする道徳的価値である、「自主、自律、自由と責任」を基に自己見つめさせるために、「ま、いいか」と周囲に流されてしまった経験について想起させます。ほとんどの生徒が「ある」と表現しました。導入は、ペアから全体という学習形態や考えやすい発問を工夫し、議論へつなぐアイスブレーキングとします。

◆展開
教師が教材を範読（ガラスが割れる音声効果）した後、内容についてペアで確認し合います。場面絵の提示）。その後、雄一、大輔、健二についてどう思うかペアで考えを伝え合います。雄一は「正直者」「大輔と健二が割った2枚目のガラスの責任を負わされてかわいそう」。大輔は、「2枚目のガラスを割った責任を雄一のせいにした自己中心的な人」。健二は、「流されやすい」「途中で心が変化した正直者」などの意見が出ました。本時は健二の心の変化を通して自分の心と向き合ってほしいと伝えます。

中心的な発問として、あんなに悩んでいた健二が、「「ぼく、やっぱり松尾先生のところにいってくるよ」ときっぱり言って一人で職員室へ向かった」この健二を動かしている心について考えることを伝えます。一人ひとりがミニホワイトボードに自分の考えを短い言葉で書き、黒板に比較・分類して貼ります。「友情、もやもやした気持ち、罪悪感（自分に嘘はつけない）、責任感、正直（素直）になる勇気」等、様々な考えを理由とともに全体で共有します。その際に、他の人の考えと比べながら自分の考えを伝えるように促します。さらに「ガラスを割っても黙っていた健二と職員室へ向かった健二の違いは何だろう？」と問い返し、考えを深めさせます。意見が出にくいときは、ペアでの対話を仕組みます。「自分がしたことの責任をとった」「大輔の言いなりにならずに、勇気をもって自分の意志で行動している」「正しいと思うことに自信をもって行動した」等、ねらいに迫る発言が見られました。

◆終末
本時の学習内容を生徒から出た言葉を使って伝え、思考をつないでいきます。そして、感じたこと・考えたことを書くように促します。また、生徒自身が自分の学習を振り返ることができるように、自己評価と相互評価を行います。自由記述では、「自分がしたことに責任をもって行動したい」「流されてしまう自分と向き合い、成長していきたい」「今までは、自信がなく勇気が出ないこともあった。自分の心の声を開いて、自分を信じて行動したい」等、教材を通して、「自主、自律、自由と責任」について深く考え、人間としての自己の生き方についての考えを深めている様子を見取ることができました。授業後、撮影した写真をワークシートの裏面に印刷して、学びの足跡を残します。
（末冨）

●**本時の実際**
1時間の展開例が明確にわかります。生徒の反応や授業のポイントを示しています。

CONTENTS

はじめに
本書の使い方

1章 道徳科 授業づくりのポイント

道徳科の授業づくりの基本 …10
道徳科における学びの方法知を意識させる授業づくり …12
多様な指導方法による授業づくり …14
道徳科における生徒の学習状況等に関する評価のポイント …16
道徳科における学習指導案と板書のポイント …18

2章 中学1年 35時間のすべて

裏庭でのできごと	(1)自主，自律，自由と責任…20
父のひとこと	(1)自主，自律，自由と責任…24
自然教室での出来事	(2)節度，節制…28
釣りざおの思い出	(2)節度，節制…32
イチローの軌跡	(3)向上心，個性の伸長…36
「終わりなき 挑戦」－成田真由美－	(4)希望と勇気，克己と強い意志…40
全てがリオでかみ合った	(4)希望と勇気，克己と強い意志…44
「どうせ無理」という言葉に負けない	(5)真理の探究，創造…48
バスと赤ちゃん	(6)思いやり，感謝…52
地下鉄で	(6)思いやり，感謝…56
その人が本当に望んでいること	(6)思いやり，感謝…60
「愛情貯金」をはじめませんか	(7)礼儀…64

吾一と京造	（8）友情，信頼…68
部活の帰り	（8）友情，信頼…72
旗	（8）友情，信頼…76
言葉の向こうに	（9）相互理解，寛容…80
傘の下	（10）遵法精神，公徳心…84
仏の銀蔵	（10）遵法精神，公徳心…88
魚の涙	（11）公正，公平，社会正義…92
席替え	（11）公正，公平，社会正義…96
ヨシト	（11）公正，公平，社会正義…100
町内会デビュー	（12）社会参画，公共の精神…104
新しいプライド	（13）勤労…108
家族と支え合うなかで	（14）家族愛，家庭生活の充実…112
一粒の種	（15）よりよい学校生活，集団生活の充実…116
ぼくのふるさと	（16）郷土の伝統と文化の尊重，郷土を愛する態度…120
奈良筆に生きる	（17）我が国の伝統と文化の尊重，国を愛する態度…124
真の国際人　嘉納治五郎	（18）国際理解，国際貢献…128
あなたはすごい力で生まれてきた	（19）生命の尊さ…132
いのちって何だろう	（19）生命の尊さ…136
捨てられた悲しみ	（19）生命の尊さ…140
桜に集う人の思い	（20）自然愛護…144
オーロラ―光のカーテン―	（21）感動，畏敬の念…148
銀色のシャープペンシル	（22）よりよく生きる喜び…152
いつわりのバイオリン	（22）よりよく生きる喜び…156

3章 中学1年 通知表の記入文例集

1学期の記入文例	Aの視点に関わる文例	…162
1学期の記入文例	Bの視点に関わる文例	…163
1学期の記入文例	Cの視点に関わる文例	…164
1学期の記入文例	Dの視点に関わる文例	…165
2学期の記入文例	Aの視点に関わる文例	…166
2学期の記入文例	Bの視点に関わる文例	…167
2学期の記入文例	Cの視点に関わる文例	…168
2学期の記入文例	Dの視点に関わる文例	…169
3学期の記入文例	Aの視点に関わる文例	…170
3学期の記入文例	Bの視点に関わる文例	…171
3学期の記入文例	Cの視点に関わる文例	…172
3学期の記入文例	Dの視点に関わる文例	…173

1章

道徳科授業づくりのポイント

道徳科の授業づくりの基本

道徳科の本質・特質から考える授業づくり

　道徳科における授業づくりを考えるうえで最も大切なことは，目の前の生徒の実態に即して，道徳科の目標やそれぞれの時間のねらいの実現に効果的な授業を設計するということです。私は立場上，先生方から授業で十分な手ごたえが感じられないといった相談を受けることがあります。そうした相談の中には，具体的な方法論にばかりとらわれて，道徳科の授業の本質や特質を踏まえていないがために，結果的に十分な生徒の反応や思考の深まりが感じられない授業となってしまっているケースが多いように思います。

　「解説」では，「特別の教科　道徳」の「内容」について，「教師と生徒が人間としてのよりよい生き方を求め，共に考え，共に語り合い，その実行に努めるための共通の課題である」と説明しています。こうした「内容」の捉え方は，「道徳の時間」が特設された昭和33年（1958年）以来一貫したものとなっており，重要なことなのです。すなわち，道徳の授業では，その時間のねらいに含まれる「道徳的価値」及びそれに関わる諸事象について，教師も，あらためて生徒と「共に考え」「共に語り合う」ことが求められているということです。例えば，ある道徳科の授業で「友情」に関わることが扱われたとすると，教師自らも，自分にとっての友とはどういった存在であり，どのような関係をもってきたのかといったことを考えながら授業づくりをすることが大切なのです。そうすることで，その授業がよりリアリティのあるものにもなり，生徒の反応に対する予測もより豊かなものとなり，効果的な教材分析や発問等の工夫が可能となるのです。

　ここで，注目すべきは「話し合う」という表現ではなく「語り合う」と示されていることです。「語る」は言偏に「吾」と書きますが，「吾」を言葉化すると捉えてみてはいかがでしょう。ある教材の中に描かれた状況での登場人物を自分に置き換えて，その時の考えや行動を自分事として考え，その内容を言葉にして交流し合う。そうした学習活動が求められているということです。仮に「登場人物は，どんなことを考えたのでしょう」という発問であったとしても，その答えは，教材のどこにも示されていません。生徒一人ひとりは，これまでの自分自身の体験などを思い起こしながら，登場人物と同じ状況で自分はどんなことを考えるだろうかと，「自分が自分に自分を問う」ことでしか答えが見出されないのです。答えは自分の中にしかなく，自分自身と対話するしかないのです。すなわち，「自己内対話」が求められているのです。道徳科における発問では，主体的かつ対話的な学びとなる「自己内対話」を必要とする「自分が自分に自分を問う」ことのできる問いを工夫することが求められているのです。

道徳科における「評価の観点」から考える授業づくり

道徳科の授業づくりを考えるうえで、その基本として最も重要なことは、

> よりよく生きるための基盤となる道徳性を養うため、道徳的諸価値についての理解を基に、自己を見つめ、物事を広い視野から多面的・多角的に考え、人間としての生き方についての考えを深める学習を通して、道徳的な判断力、心情、実践意欲と態度を育てる

という「道徳科の目標」の趣旨・内容を正しく理解し授業を設計するということです。このことに関して、「解説」には道徳科の授業に対する評価の観点例が以下のように示されています。

【学習指導過程や指導方法に関する評価の観点例】

①学習指導過程は、道徳科の特質を生かし、道徳的価値の理解を基に自己を見つめ、人間としての生き方について考えを深められるよう適切に構成されていたか。また、指導の手立てはねらいに即した適切なものとなっていたか

②発問は、生徒が広い視野から多面的・多角的に考えることができる問い、道徳的価値を自分のこととして捉えることができる問いなど、指導の意図に基づいて的確になされていたか

③生徒の発言を傾聴して受け止め、発問に対する生徒の発言などの反応を、適切に指導に生かしていたか

④自分自身との関わりで、物事を広い視野から多面的・多角的に考えさせるための、教材や教具の活用は適切であったか

⑤ねらいとする道徳的価値についての理解を深めるための指導方法は、生徒の実態や発達の段階にふさわしいものであったか

⑥特に配慮を要する生徒に適切に対応していたか

以上のような観点から授業づくりを考えることが大切です。ここでは、生徒の発言等がより効果的に生かされる授業となるよう、③に示されている観点について確認しておきたいと思います。

観点③では、生徒の発言を「聞いて受け止め」ではなく「傾聴して受け止め」とあり、「聴く」姿勢を大切にすることを求めています。「聴」の字の成り立ちは耳偏に「直」の下に「心」と書きます。相手の心に耳を直接当てて、その真意・本音、声なき声まで聴き取ろうということでしょうか。教師の期待している言葉ではなく、生徒一人ひとりの真意・本音を生徒自身にも自覚できるように聴き取ろうとする工夫が求められています。そして生徒の発言や記述内容から、さらに深く考えることのできる授業づくりが求められているのです。そのためには、生徒の発言等に対して、確認（立場・対象）、根拠や具体例、言い換え、本音等を求める重層的発問（問い返し・切り返し）が効果的です。

道徳科における学びの方法知を意識させる授業づくり

道徳科における「評価の視点」から考える授業づくり

　「解説」には道徳科における生徒に対する評価の視点例が以下のように示されています。
【学習状況等に関する評価の視点例】
◆一面的な見方から多面的・多角的な見方へと発展しているか
①道徳的価値に関わる問題に対する判断の根拠やそのときの心情を様々な視点から捉え考えようとしているか
②自分と違う立場や感じ方，考え方を理解しようとしているか
③複数の道徳的価値の対立が生じる場面において取り得る行動を広い視野から多面的・多角的に考えようとしているか
◆道徳的価値の理解を自分自身との関わりの中で深めているか
④読み物教材の登場人物を自分に置き換えて考え，自分なりに具体的にイメージして理解しようとしているか
⑤現在の自分自身を振り返り，自らの行動や考えを見直しているか
⑥道徳的な問題に対して自己の取り得る行動を他者と議論する中で，道徳的価値の理解を更に深めているか
⑦道徳的価値を実現することの難しさを自分のこととして捉え，考えようとしているか

　ここに示されているのは，道徳科における生徒の学習状況等に関する評価の視点例でありますが，これは，道徳科の授業づくりへの重要な観点ともなることを確認しておきましょう。
　ここに示された生徒の学習状況等に関する評価の視点は，道徳科の授業において生徒に求めている学びの姿を示したものとなっています。従って，そうした学びの姿となるような学習活動を設計することが教師には求められていることになります。例えば，「道徳的価値に関わる問題に対する判断の根拠やその時の心情を様々な視点から捉え考えることができる学習活動が適切に設定されていたか」「読み物教材の登場人物を自分に置き換えて考えることができるような問いが工夫されていたか」等々，「評価の視点」の文末を少し変えることによって，それらは授業づくりにも生かされる具体的な「評価の観点」ともなり得るものなのです。

道徳科における学び方を生徒に意識させる取り組み

　学習状況等に関する「評価の視点」を，教師だけが意識しているだけでは，道徳科の授業を

より質の高いものにしていくことは難しいでしょう。道徳科に求められている学び方，いわゆる方法知を生徒自身に獲得させていくことが大切です。そのためには，授業中に「評価の視点」に例示されている学びの姿が見て取れた時には，「自分の身近な体験から考えられたね」「他の人の意見と比較しながら発言できたね」「自分のこれからの生き方についても記述できたね」といった「評価語」を大いに生徒に発することが重要となります。誰かに発せられた「評価語」の蓄積は，やがて生徒全員に道徳科における学びの方法知として身につくことでしょう。

また，授業でのワークシートや道徳ノートへの記述内容に対して，上記のような「評価語」を記入する実践はこれまでもありました。最近では，「自分の体験・経験を踏まえた記述」部分に<u>一本線</u>，「他の人の意見等にふれている記述」部分に波線，「自分の考えの変化やこれからの生き方にふれている記述」部分に<u>二重線</u>を付して，生徒に返却するといった実践も見られるようになってきました。

道徳科の授業でも，そこで求められる内容知に加え，どのように学ぶことが求められているのかという方法知を生徒一人ひとりが学んでいけるようにしたいものです。あらためて考えてみますと，生徒の成長やその努力を認め，励まし，勇気づけ，さらなる意欲の向上につながる評価の機会は，年に1回～3回の通知表等による評価に比べて，上記のような取り組みにおける評価の方がはるかに多いのです。また，そうした「評価語」を意識した道徳科授業での取り組みは，教師自身の授業づくりのスキルアップや今日求められている通知表等への個人内評価としての記述評価をより確かなものにしていくことにつながるのではないでしょうか。

以下に，実践例を紹介します。

【振り返りシートの項目例・自己評価例（あくまでも生徒の学習活動）】
・登場人物を通して自分が考えた内容を発表することができたか
・発言している人の考えを自分と比べて聴き，理解しようとすることができたか
・他の人の発言に関連させて自分の考えに理由をつけるなどして，くわしく語ることができたか
・自分の生活や生き方について考えることができたか

【「考える」・「語る」・「記述する」ポイントを意識しましょう‼】
　次のような観点を意識しましょう‼（小中一貫教育の視点から，学年段階に応じた項目を順次増やし，下記を系統的に学級に掲示する）

・めあて・学習課題に
・登場人物と自分を重ねたり，比較したりしたことに
・根拠・理由や具体例に　　　　　　　　　　　　　　　　　ふれながら
・自分の考えなどの変化や他の人の考えなどに
・自分のこれまでの生き方やこれからの生き方に

多様な指導方法による授業づくり

道徳科における「問題解決的な学習」

　平成27年3月に告示された一部改正学習指導要領の「第3章　特別の教科　道徳」の「第3　指導計画の作成と内容の取扱い」の中に，道徳科において，道徳の内容を指導するに当たっての配慮事項の1つとして，「問題解決的な学習」を取り入れるなどの指導方法を工夫することが新たに規定されました。

> 　道徳科における問題解決的な学習とは，生徒一人一人が生きる上で出会う様々な道徳上の問題や課題を多面的・多角的に考え，主体的に判断し実行し，よりよく生きていくための資質・能力を養う学習である

と「解説」では説明しています。
　また，「道徳教育に係る評価等の在り方に関する専門家会議」の「報告」の中でも道徳科における「問題解決的な学習」の特長に関して，次のように説明しています。
　「問題場面について児童生徒自身の考えの根拠を問う発問や，問題場面を実際の自分に当てはめて考えてみることを促す発問，問題場面における道徳的価値の意味を考えさせる発問などによって，道徳的価値を実現するための資質・能力を養うことができる」
　さて，道徳科における「問題解決的な学習」で取り上げられる「問題」とは，誰にとってのどのような「問題」であるべきなのでしょうか。それは，どのような「解決」の在り方が求められている「学習」なのでしょうか。そして，その「学習」のそもそもの目的は何なのかといった点から整理すると，道徳科における「問題解決的な学習」の具備すべき基本的要件は，以下のように考えられます。

> ①道徳的価値が介在している道徳的（道徳上の）問題であること
> ②自己の問題として捉え，主体的に考えられる問題であること
> ③道徳的価値との関連から，その問題の解決が目指される学習であること
> ④道徳科の目標及びそれぞれの時間のねらいの実現に資する学習であること

　道徳科における「問題解決的な学習」で扱われる問題は，あくまでも道徳的（道徳上の）問題でなくてはなりません。すなわち，善悪が問われるという問題です。言い換えるならば，道

徳的価値が何らかのかたちで介在している問題ということです。厳密にいえば，それぞれの道徳科の時間のねらいに含まれる道徳的価値が介在している問題ということになります。

また，道徳科における「問題解決的な学習」で扱われる問題は，自分自身の問題として十分に意識され，自分のこととして考えられる問題でなくてはなりません。また，多面的・多角的に考えられる問題であり，対話的な学びに供することができる問題であることも大切です。そして，人間としての自己の生き方についての考えを深める学習となり，その道徳科の時間のねらいの実現に効果があり，道徳性の育成に資する学習となることが求められるのです。

「報告」においては，道徳科における「問題解決的な学習」での問題の態様として，次のようなものを一部提示しています。

①道徳的諸価値が実現されていないことに起因する問題
②道徳的諸価値について理解が不十分又は誤解していることから生じる問題
③道徳的諸価値のことは理解しているが，それを実現しようとする自分とそうできない自分との葛藤から生じる問題
④複数の道徳的価値の間の対立から生じる問題

身近な問題や現代的な課題，あるいは教材等の中に描かれた上記①～④のような問題について，あくまでも道徳的価値との関連からその解決について考えさせる学習活動を，今後ともより効果的なものへと工夫・改善したいものです。

なお，平成28年12月21日に示された「中央教育審議会答申」の中では，道徳科における「問題解決的な学習」は，「様々な道徳的諸価値に関わる問題や課題を主体的に解決する学習」というように，より具体的かつ明確な説明を冠した学習活動名として紹介されています。

道徳科において「問題解決的な学習」に取り組むうえで留意すべきこと

前述の道徳科における「問題解決的な学習」の具備すべき基本的要件は，①～④までのどれか1つでも欠ける学習は，道徳科における「問題解決的な学習」とはなり得ないということを確認しておきましょう。なぜならば，道徳科における「問題解決的な学習」は，そもそもそれ自体が目的化されるべきものではなく，あくまでも道徳科の目標及びそれぞれの時間のねらいの実現に効果的な学習方法となり得るものの1つであるということです。学習指導要領の「問題解決的な学習」について規定している部分では，留意すべき事柄として「指導のねらいに即して」「適切に取り入れる」と繰り返し押さえられていることを確認しておきます。ただし，必要以上に抑制的になることもありません。

道徳科における生徒の学習状況等に関する評価のポイント

道徳科における評価の視点と方法及び記述文例

　道徳科における評価に当たっては，学習活動に着目し，年間や学期といった一定の時間的なまとまりの中で，生徒の学習状況や道徳性に係る成長の様子を把握し評価することが求められています。「解説」に示されたその評価の大きな視点例と方法例を整理すると，次の通りです。なお，あえて評価の「観点」といわずに「視点」として示されています。このことからも，道徳科においては観点別評価はなじまないということが意識できるとよいでしょう。

【学習状況等に関する評価の視点例】
　学習活動において生徒が道徳的価値やそれらに関わる諸事象について他者の考え方や議論に触れ，自律的に思考する中で，
◆一面的な見方から多面的・多角的な見方へと発展しているか
◆道徳的価値の理解を自分自身との関わりの中で深めているか（具体的な視点例は12ページ参照）

【方法例】
　評価の基本的な方法は観察と言語分析です。従って，個人内評価を記述で行うに当たっては，その学習活動を踏まえ，発達障害等のある生徒や海外から帰国した生徒，日本語習得に困難のある生徒等を含め，発言が多くなかったり，記述することが苦手であったりする生徒もおり，発言や記述ではないかたちで表出する生徒の姿に着目することも重要です。
　そうした観察や生徒のペアワーク・グループワークや全体での発言，道徳的行為に関する体験的な学習（動作化や役割演技等）での表現，作文やノート，ワークシートなどへの記述を生かすことに加え，質問紙や授業後の個別面談（全体の場ではあまり表現できない生徒等には有効）などによる方法を工夫することも考えられます。

【評価の記述文例】「評価の視点」を踏まえた学習状況中心の内容＋その具体的様子の記述

> 話し合い活動では，積極的に自分の考えを述べるだけではなく，友達の多様な意見を参考にして，自分の生き方についての考えを深められるようになりました。（学習状況中心）

> 登場人物の迷いや悩みを自分のことのように捉え，そうした場ではどのように判断するのがよいことなのかを根拠に基づいて考えられるようになりました。　　　（学習状況中心）

> 　特に「銀色のシャープペンシル」の学習では，主人公のとった行動の中に，自分との共通部分を見出し，自分のこととして捉えるとともに，共感的に人間理解を深めるも，そのことをよしとしない自分に気づき，「自分自身に恥じない誇りある生き方をしたい」という思いをもつことができました。

> 　教材の中の登場人物の生き方から，気高く生きることを自問自答する姿が見られ，学年末には「自分自身に恥じない誇りをもてることが大切だ」と記述するまでになりました。

> 　特に「真の友情」について考えた学習では，みんなの意見を参考にしながら深く考え，仲良しだけの関係ではなく，互いを高め合い成長できる関係であるという理解を深め，これからはそうした友達関係をつくっていこうとする発言や記述が見られるようになりました。

> 　「主として人との関わりに関すること」の学習では，体験をもとに自分を深く見つめ，自分とは異なる意見からも学ぼうとする意識をもち，特に相手のことを思いやることの大切さの理解を深め，謙虚な心で相手を認め，尊重していこうとする記述が見られました。

　通知表等への記述評価は，前提として生徒や保護者に理解できる内容であるとともに道徳科における評価の趣旨を実現できる評価でなくてはなりません。一般的には「〜の学習活動への〜といった取り組み状況のもと，多様な感じ方や考え方の交流を通して，〜の観点から〜に気づき，〜という考え（理解・心情）を深めるとともに，〜への憧れを強め，〜しようとする発言・記述が見られました」等々の表現が考えられます。今後とも各学校での実践研究の蓄積とその成果を共有化していくことが大切です。また，道徳科においては生徒が「自己を見つめ」「広い視野から多面的・多角的に」考える学習活動の中で，その時間のねらいに含まれる「道徳的価値の理解」と「人間としての生き方についての考え」を相互に関連づけることによって，より深い理解や考えとなっていきます。こうした生徒一人ひとりの学習の姿を把握していくことが，学習状況に着目した評価となります。通知表等への記述評価もさることながら，授業中の発言やワークシート等への記述内容に対する「評価の視点」を踏まえた「評価語」が日常的に生徒に発せられることの方が，その成長を認め励まし，学びの方法知を意識させる機会としては多いことを忘れてはなりません。

道徳科における学習指導案と板書のポイント

【学習指導案のポイント】
　道徳科における学習指導案とは，年間指導計画に位置づけられた主題に関する学習指導について，生徒や学級の実態に即して，それぞれの時間のねらいの実現に向け，どういったことを，どのような順序，方法，学習活動を通して学ばせ，指導，評価していくのかといった構想を一定の形式で表現したものです。学習指導案の形式に特に決まった基準というものはありませんが，一般的には以下のような内容について示されています。
「主題名」「教材名」：年間指導計画に示された主題名にあわせて内容項目番号（例：C－(17)）を明示することもあります。活用する教材名を記述します。
「ねらい」：本時の学習を通して，生徒に考えさせたり，理解を深めさせたりしながら，人間としての生き方についての考えを深めさせようとするねらいを記述します。
　道徳科授業での思考の深まりを考える時，ねらいの具体化，明確化が重要となります。例えば「友情の大切さを理解し」といったどの授業でも通用するような漠然としたねらいではなく，「互いに励まし合い，高め合うといった友情の大切さを理解し」というように，特にこの時間で理解を深めさせたい内容を具体的に示すとよいでしょう。
「主題設定の理由」：①主題観（ねらいや指導内容についての教師の捉え），②生徒観（指導内容に関する生徒のこれまでの学習状況や実態），③教材観（教材の特質，活用意図，具体的な活用方法等），④指導観（指導の具体的な方法を含む方向性等）として示されることが多いようです。なお，本書では「教材のあらすじと活用ポイント」及び「『特別の教科　道徳』の授業づくりのポイント」において記述しています。
「学習指導過程」（本書では「本時の流れ」）：「導入・展開・終末」に区分されることが一般的です。その中でも，最も重要となるものが発問です。しっかりと自己が見つめられ，自分事として考えられるような発問や，多面的・多角的に考えることのできる発問を工夫したいものです。そのためには，「自分が自分に自分を問う」といった自己内対話に導く発問や，多様な感じ方・考え方・価値観等が交流できる発問を意識することが大切です。
「評価」：生徒に対する評価と授業に対する評価を意識して，その評価方法とともに記述します。
【板書のポイント】（学習指導案と板書内容は，小・中学校間で共有化されることも大切）
　生徒の学習を支え，思考を深めることのできる板書を工夫したいものです。問いが継続的に明示され，発言等のポイントが文字化され，比較検討されるべき内容が構造的に示されることによって，より深い思考が可能となるのです。また，本時の「振り返り」がより重要とされる道徳科の授業において，板書内容は「振り返り」の重要な手がかりとなるものです。　　　（柴原）

2章

中学1年 35時間の すべて

▶内容項目：Ａ－（１）自主，自律，自由と責任

裏庭でのできごと
健二の心の変化を通して，
責任ある誠実な行動について考えよう

掲載教科書

ねらい
一人で職員室へ向かった健二を動かしている心を考えさせることを通して，自分の行動に責任をもち，誠実に行動していこうとする道徳的実践意欲を高める。

教材のあらすじと活用ポイント

　裏庭で３人がサッカーをしているときに，雄一が蹴ったボールでガラスを割ってしまいます。雄一が先生に報告に行っている間に，健二が隣のガラスを割ってしまいます。そのことを黙っていたため，雄一は憤慨します。健二は，次の日の朝，一人で職員室へ報告に向かいます。誰もがもっている人間の強さ，弱さが描かれています。大輔の言葉に左右されていた健二が，自分で考え判断し，一人で職員室へ向かうその行動を支える心について考えることを通して，「自主的に考え，判断し，誠実に実行してその結果に責任をもつ」という本時のねらいとする道徳的価値に深く迫ることができます。

「特別の教科　道徳」の授業づくりのポイント

　本教材は，健二が，悩んだ末に自分がしたことの責任をとろうと決心するまでの心の葛藤が描かれています。人間の強さ・弱さを理解し，自分の行動に責任をもち誠実に行動することの大切さに気づくことができるように，中心的な発問において，一人ひとりの考えを可視化し，それを基に問い返すことでねらいに深く迫っていきます。臨場感をもって考えさせるために，場面絵やガラスの割れる音声等を効果的に使用します。また，ペアやグループ等，学習形態を工夫し，生徒が語り合う場面を増やして多面的・多角的に考えさせるように工夫します。

評価のポイント

　授業観察（生徒の取り組み），ワークシートの記述，自己評価，相互評価，また板書の写真を基に自分の行動の責任をとり誠実でありたいと判断した健二の心の変化について，自分との関わりで多面的・多角的に捉えようとしている様子等が見られる授業であったかを評価します。

本時の流れ

	○学習活動	●教師の手だて ◇評価 ※留意点
導入	発問 「ま，いいか」と周囲に流されてしまった経験はありますか。 ○「ま，いいか」と周囲に流された経験について自分を振り返る。	●本時のねらいとする道徳的価値を基に，自己を見つめさせる。 ※議論へつなぐアイスブレーキングとする。
展開	○教師の範読を聞き，その後，内容を確認する。 発問 雄一，大輔，健二についてどう思いますか。 ○3人の登場人物についてどう思うか伝え合う。 発問 「『ぼく，やっぱり松尾先生のところにいってくるよ。』きっぱりと言って一人で職員室へと向かった。」その健二を動かしているのはどんな心でしょう。 ○健二が決断した中心的な場面で，その健二を動かしている心について考え，ミニホワイトボードに一人ひとりの考えを短く書き，黒板に貼る。 ○黒板に貼られたクラス全員の意見を見て，考えを伝え合う。	●範読の途中，ガラスが割れる音声を入れて臨場感をもたせる。 ●ペアから全体という学習形態を仕組み，場面絵を示しながら内容の確認をする。 ※押さえるべきポイントを理解させる。人間関係等をイメージしやすくする。 ●一人ひとりの考えをミニホワイトボードに可視化し，全体で共有できるようにする。 ●ミニホワイトボードにはキーワードを書かせることで見えやすくするとともに，それを基に自分の言葉で考えや理由を伝えることができるように促す。 ●「ぼく，やっぱり松尾先生のところにいってくるよ」の場面を動作化させることで，臨場感をもって考えさせる。 ※友達の考えと比べながら，自分の考えを伝えるように促す。 ●問い返しの発問によってねらいにより深く迫る。 ・もし，雄一が許してくれたら，健二は正直に言いに行かなかっただろうか？ ・決断をする前の健二と一人で職員室へ向かった健二の違いは何だろう。 ・職員室へ向かった健二の心に芽生えたものは何だろう。 ◇ホワイトボードに可視化された個人の考え，また，その後の議論を通して，生徒の学習状況を見取る。
終末	発問 今日の授業を通して，感じたこと・考えたことを書きましょう。 ・ワークシートに，感じたこと・考えたことを書く。また，4件法による自己評価，印象に残った友達の考え（理由）を書くことで，相互評価を行う。	・導入で考えた，他律的な自分の経験を想起させ，健二の変化を通して考え，伝え合ったことについて，自分とつながることがあるかと投げかける。 ◇生徒からの言葉を使って，学習内容を確認し，振り返りを促すことで，人間としての自己の生き方についての考えを深めさせる。

準備物

- 窓ガラスが割れる音（音声）
- サッカーボール
- 場面絵（ひな，割れたガラス，3人の写真）
- ミニホワイトボード（ペン）
- ワークシート

健二を動かしている心

	正直	勇気	責任感	罪悪感
	素直な気持ち	勇気	責任感	罪悪感
自信をもって行動	正直に行動したい	自分から言う勇気	自分がしたことの責任	このままではいけない
前向きな行動	正直になる勇気	正直に言う勇気	ガラスを割ったことの責任	いても立ってもいられない
	素直でありたい	一歩を踏み出す勇気	責任感	自分に嘘はつけない

本時の実際

● 導入

授業の始めに問いかけます。「心は見えますか」「心はどこにありますか」「心はどんな形をしていますか」「心の場所は」。心臓付近を指す生徒，頭を指す生徒等様々です。

また，「心の形」は円を形づくる生徒，そのときによっていろんな形と答える生徒等様々でした。そして，道徳は自分の心と向き合う時間であることを伝えました。次に，本時のねらいとする道徳的価値である，「自主，自律，自由と責任」を基に自己を見つめさせるために，「ま，いいか」と周囲に流されてしまった経験について想起させます。ほとんどの生徒が「ある」と表現しました。導入では，ペアから全体という学習形態や考えやすい発問を工夫し，議論へつなぐアイスブレーキングとします。

● 展開

教師が教材を範読（ガラスが割れる音声効果）した後，内容についてペアで確認し合います（場面絵の提示）。その後，雄一，大輔，健二についてどう思うかペアで考えを伝え合います。雄一は，「正直者」「大輔と健二が割った2枚目のガラスの責任を負わされてかわいそう」。大輔は，「2枚目のガラスを割った責任を雄一のせいにした自己中心的な人」。健二は，「流されやすい」「途中で心が変化した正直者」などの意見が出ました。本時は健二の心の変化を通して自分の心と向き合ってほしいと伝えます。

中心的な発問として，あんなに悩んでいた健二が，「『ぼく，やっぱり松尾先生のところにいってくるよ』きっぱりと言って一人で職員室へ向かった」この健二を動かしている心

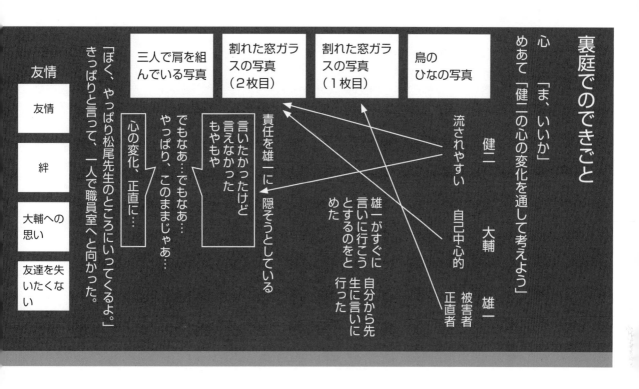

● 終末

本時の学習内容を生徒から出た言葉を使って伝え，思考をつないでいきます。そして，感じたこと・考えたことを書くように促します。また，生徒自身が自分の学習を振り返ることができるように，自己評価と相互評価を行います。自由記述では，「自分がしたことに責任をもって行動したい」「流されてしまう自分と向き合い，成長していきたい」「今までは，自信がなく勇気が出ないこともあった。自分の心の声を聞いて，自分を信じて行動したい」等，教材を通して，「自主，自律，自由と責任」について深く考え，人間としての自己の生き方についての考えを深めている様子を見取ることができました。授業後，撮影した板書の写真をワークシートの裏面に印刷して，学びの跡を残します。

について考えることを伝えます。一人ひとりがミニホワイトボードに自分の考えを短い言葉で書き，黒板に比較・分類して貼ります。「友情，もやもやした気持ち，罪悪感（自分に嘘はつけない），責任感，正直（素直）になる勇気」等，様々な考えを理由とともに全体で共有します。その際に，他の人の考えと比べながら自分の考えを伝えるように促します。さらに「ガラスを割っても黙っていた健二と職員室へ向かった健二の違いは何だろう？」と問い返し，考えを深めさせます。意見が出にくいときは，ペアでの対話を仕組みます。「自分がしたことの責任をとった」「大輔の言いなりにならずに，勇気をもって自分の意志で行動している」「正しいと思うことに自信をもって行動した」等，ねらいに迫る発言が見られました。

（末冨）

▶ 内容項目：A−(1)自主，自律，自由と責任

父のひとこと
責任ある行動をとろうとするとき，大切なこと

掲載教科書

ねらい
父の一言によって自分の弱さに気づき，その一言に込められた意味を受け止め，自ら判断して誠実に実行して責任を果たした主人公の姿を通して，自分の行為が及ぼす結果に責任をもとうとする道徳的実践意欲を育てる。

教材のあらすじと活用ポイント

　臨時職員として動物園で働いていた主人公は採用試験で不合格となり，挫折感から仕事を放棄して郷里の両親の家へ帰ります。父の一言に込められた意味を受け止め，自らの判断で職務に戻ることを決定し，今まで以上に仕事にまい進するようになりました。
　「お前のカワウソが寂しがっているぞ」という父の言葉がこの教材の鍵でしょう。他者からの指示を待つのではなく，自らの判断で責任を自覚してほしいという父の願いに目を向けることで，自律的な生き方によって責任をもつことができることに気づかせたいものです。

「特別の教科　道徳」の授業づくりのポイント

　本教材は，上野動物園園長を務めた中川志郎さんの実体験に基づくものです。日本動物愛護協会理事長を務めていた際，政府インターネットテレビに出演され，飼い主の責任が大切であることを語っておられます。教材を読む前にその動画を視聴し，中川さんが一度だけ，飼育を放棄したことがあることを伝え，中川さんがどのようにして弱さを克服していったのか，生徒の興味関心を高めます。父が直接，仕事に戻るように言わなかった理由を話し合うことで，責任ある行動をとるとき大切なことは何かについて自分自身の考えを深められるようにしました。

評価のポイント

　ワークシートや発言を基に，責任ある行動をとるには他からの制御や命令を待つことなく，自分で考え，自分の意思で決定することが大切であることに気づき，気づきをこれからの自分の生活に生かしていこうという様子等が見られる授業となっていたかを評価します。生徒の振り返りについては，学級通信を通して生徒や保護者にフィードバックしたいものです。

本時の流れ

	○学習活動	●教師の手だて ◇評価 ※留意点
導入	発問　自分の責任だとわかっていながら，投げ出したことはあるか。その結果，どのような影響が出たか。	
	○近くの友人と体験談を交流する。	※生徒同士の懺悔にならないような雰囲気づくりに留意する。 ●数名指名して発表させる。
展開	○中川志郎さんのインタビュー動画を視聴する。	※中川さんが動物を飼育する上で大切なこととして繰り返し「責任」と言っている点に着目させる。 ●中川さんが一度だけ，動物を放り出したことがあることに触れる。
	【テーマ】責任ある行動をとるとき，大切なことは何だろう？	
	○教材を読む。 ○中川さんが動物を放り出した理由を確認する。	※動物を放り出したのはなぜか，生徒が疑問をもって教材に向き合えるようにする。
	発問　「お前のカワウソがさびしがっているぞ」には，どんな父の思いが込められていた？	
	○ワークシートに自分の考えを書く。 ○4人班で話し合う。 ○全体で意見を交流する。	※父はなぜ「仕事に戻れ」と直接言わなかったのか，こう言えば中川さんはどう行動すると父は考えていたのか，といった補助発問をして，生徒の考えを掘り下げたい。
終末	発問　責任ある行動をとるとき，大切なことは何だろう？	
	○自分の考えをワークシートに書く。 ○書き終わった生徒から自由に立ち歩き，他の友人と考えを交流する。 ○全体で意見を交流する。 ○ワークシートに，これから自分がしてみたいこと，できそうなことを記入する。	●自由な立ち歩きによる意見交流によって，最初の話し合いとは違った友人の見方や考え方に触れることができるようにする。 ●数名指名して発表する。 ◇中川さんの生き方を手がかりにして，責任を果たそうとするときに大切なことについて，自分なりの根拠をもって考え，友人の意見を参考に，考えを深めようとしていたか。

準備物

・PC
・ホワイトボード，モニター，スクリーンなど
・インターネットが視聴できる環境
・ワークシート

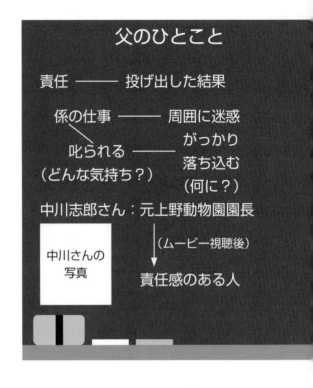

本時の実際

🔴 導入

　生徒自身が，責任を放り出してしまった経験はないか，その結果，どのような影響が出たかについて体験談を話し合います。中学生という発達段階だと，成功体験より失敗体験の方が話しやすい傾向がありますが，懺悔のようにならないような雰囲気づくりに気をつけたいものです。

　場合によっては，教師が中学生時代に責任感のなさによって失敗してしまった体験を話すのもよいでしょう。

　発表の際には補助発問をして，何が責任を放棄させてしまったのか，その動機にまで考えを深めさせたいものです。責任を果たさなければならないとわかっていながらも，ときにそれを放棄してしまう人間の弱さに目を向け，本時のテーマへの関心を高めます。

🔴 展開

　作者の中川志郎さんは飼育員の経験を経て，上野動物園園長や日本動物愛護協会理事長も務められた動物愛護に造詣の深い方です。教材を読む前に，「政府インターネットテレビ」のサイトから「改めて見直すペットの飼い方」という中川さんが出演された番組を視聴します。その中で中川さんは「飼い主の責任が大事であること」について繰り返し主張されています。視聴後，中川さんが一度だけ担当動物を放り出してしまったことがあることを伝え，その意外さから，教材への関心を高め，本時のテーマを設定します。

　この教材のポイントは何と言っても「…お前のカワウソがさびしがっているぞ…」という父の一言でしょう。父の一言は，どんな思いに支えられて発せられたものだったのかに

テーマ：責任ある行動をとるとき大切なことは？

動物園
就職試験　不合格

「お前のカワウソがさびしがっているぞ」
　　　　　　↑
・自分で気づいてほしい
・自分でわかってくれる
・中川さんの動物好きを知っていた

・他に指示されない
・自分で判断する

ついて考えることを通して，責任感は誰かに指示されたりして生まれるものではないこと，自律的な生き方によって責任をもつことができるようになることに気づかせたいものです。ここではワークシートに自分の考えを記入してから考えを交流することで，自分なりの根拠をもって話し合いができるようにします。4人班にするのは，少人数の方が発言の機会が保障できるからです。

「何に気づいてほしかったのか」「何がわかると思ったのだろう」といった補助発問をして，生徒の考えをさらに掘り下げるようにします。生徒の考えの羅列にならぬよう，関連した考えはウェブなどでつなぎながら生徒の考えを板書していきます。

● 終末

本時のテーマに対する自分の考えをまとめます。ワークシートへの記入に要する時間には個人差があるので，書き終わった生徒から自由に立ち歩いて友人と意見を交流できるようにしました。固定化された班員ではない友人と考えを交流することで，より多様な見方・考え方に触れることができます。

その後，本時のテーマに対する，全体での意見交流の後，自分にできそうなこと，やってみたいことを考える時間を確保しました。「誰かの言葉で気づかせることもできるが，それでは本人のためにはならない」「自分の仕事にプライドをもちたい」といった振り返りがありました。

（星）

▶ 内容項目：A-(2)節度，節制

自然教室での出来事
健康の大切さを考えよう

掲載教科書：東書／学図／教出／光村／日文／学研／あかつき／日科

ねらい
自然教室で主人公が学んだことは何かを考え，望ましい生活習慣は，毎日の積み重ねによって身につくものであることに気づき，進んで節度と調和のある生活を心がけ，充実した人生を送ろうとする心情を育てる。

教材のあらすじと活用ポイント

　主人公の「公一」は，自然教室最後の行事である登山の前夜，いつもの習慣から夜更かしをしてしまいます。体力に自信のあった公一ですが，自らの不摂生から体調を崩し，登山を途中で断念してしまいます。そこに登頂を果たした友達の喜びの声が聞こえ，公一は激しい後悔の念を抱きます。自然教室後，この体験を生かして，早朝トレーニングに励むことで，健康に留意するとともに，自らの生活習慣を正していこうとする内容です。

　宿泊を伴う学校行事の前に行うことも考えられますが，正しい行動の指導に終始せず，望ましい生活習慣を確立することのよさを考えさせることが大きなポイントです。特に主人公の変化，また，それによって得たものが何であるかを中心に考え，自分自身の生活に生かしていこうとする気持ちを育みます。

「特別の教科　道徳」の授業づくりのポイント

　主人公「公一」のとった行動を否定的に捉え，反省向上の教訓的なものとして扱うのではなく，このような軽はずみな行動は，自分を含めて誰にでもありがちなものであることを認識し，その上で健康な生活はなぜ大切か，損なってしまうとどうなるか，どうしたら健康な生活を送ることができるかなど，自分の問題として考えさせていくことがポイントです。

評価のポイント

　主人公「公一」の変容やこの自然教室で学んだことについて，公一に自分を重ねながら考えているかどうかを発言の内容や表情から汲み取ります。生徒一人ひとりがいかに自分の問題として深く捉えられる授業となっていたかを評価します。

本時の流れ

	○学習活動	●教師の手だて ◇評価 ※留意点
導入	○本時のテーマを知る。	●本時は「自然教室での出来事」という教材を使って健康の意味や規則正しい生活の大切さを考えることを伝える。
	【テーマ】健康な生活はなぜ大切なんだろう。	
展開	○教材を読んで話し合う。	●教材をすべて範読する。
	発問 頂上から戻ってきた友達を見ながら，公一はどんなことを思っているでしょう。	
	・とても悔しい。　・自分も登りたかった。 ・体力には自信があったのに。　・情けない。 ・早く寝ればよかった。	●公一が激しく後悔する気持ちを押さえる。
	発問 球技大会に備えて，早朝トレーニングをしているとき，公一はどんな気持ちでしょう。	
	・もうあんな悔しい気持ちを味わいたくない。そのためには，一日一日の積み重ねが大事である。 ・自分の体力を過信せず，大会に備えて日頃から準備しておこう。 ・早寝早起きして規則正しい生活を送ると，家でしかられなくなるし，体も心も軽くなる感じがする。 ・これからもこんな生活を続けていこう。	●公一の気持ちの変化を丁寧に押さえる。 ※生徒の発言に，「なぜそのような気持ちをもつことになったか」と，さらに問うことで考えを深めさせる。 ※校長先生の言葉「確かな一歩一歩であってこそ，頂上を極めることができる」を胸に刻んでいるところに注目させる。
	発問 自然教室を通して，公一はどのようなことを学んだのでしょうか。	
	・いくら体力に自信があっても，不規則な生活をしているとそれが発揮できず，後悔するということ。 ・普段から規則正しい生活を心がけることで，大きな成果につながるということ。	●本時のテーマと結びつけて考えさせる。 ※公一が学んだことであるが，そのことを通して，自分たちが学んだことでもあることを押さえる。
終末	○振り返りシートに記入する。 ○記述したことを発表する。	◇今日の学習でわかったことを記述させる。 ◇自分の学びが整理できている生徒を数名発表させ，その学びを学級全体で共有する。

準備物

・振り返りシート

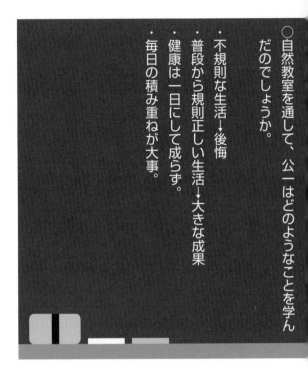

○自然教室を通して、公一はどのようなことを学んだのでしょうか。
・不規則な生活→後悔
・普段から規則正しい生活→大きな成果
・健康は一日にして成らず。
・毎日の積み重ねが大事。

本時の実際

💭 導入

　特に発問等はせず，本時の教材とテーマを示しました。そしてテーマを設定した意図を次のように説明しました。

　「健康のすばらしさやありがたみはわかっているつもりでも，なかなか普段意識することが難しいものです。中学校生活にだいぶ慣れてきたことや，毎日勉強や部活動等が忙しいという理由もあり，不規則な生活になってしまっていませんか。気分や体力のおもむくままに行動してしまい，生活リズムを壊し，病気にかかってしまった人もいるかもしれませんね。そこで今日は，『自然教室での出来事』という教材を使って，健康な生活が大切であることの意味について，みんなで考えていきましょう」

💭 展開

　教材を読んだ後，すぐに1つめの発問をしました。この発問では，登山ができなくなってしまった後悔だけでなく，登頂の喜びを味わっている友達と自分を比較して，情けなく思う気持ちを強めたことを押さえました。体力に自信があった主人公なだけに，大変な屈辱だったことでしょう。

　次に2つめの発問では，主人公の生活が変化しだしたのはなぜかを考えさせました。生徒の中には，「みんなに心配されたから，よけい自分を変えようという気持ちになった」や「自分だけでなく，友達の正典も夜更かしに付き合わせてしまったせいで，頂上まで行けなかったから改心した」など，変化のポイントとして，主人公を取り巻く周囲の人物を関連させて考える発言も見られました。

自然教室での出来事

テーマ　健康な生活はなぜ大切なんだろう

○頂上から戻ってきた友達を見ながら、公一はどんなことを思っているでしょう。
・とても悔しい。
・自分も登りたかった。
・体力には自信があったのに。
・情けない。
・早く寝ればよかった。

［場面絵］

○球技大会に備えて、早朝トレーニングをしているとき、公一はどんな気持ちでしょう。
・もうあんな悔しい気持ちを味わいたくない。
・一日一日の積み重ねが大事。
・自分の体力を過信せず、大会に備えて日頃から準備しておこう。
・早寝早起きして規則正しい生活を送ると、体も心も軽くなる。
・これからも続けていこう。

［場面絵］

　3つめの発問は、発問1→発問2を通して、最終的に主人公が、この自然教室を通して何を得たのかを考えさせるものです。もう一度、校長先生の言葉を押さえ、それを思い出しながら早朝トレーニングをしていることに着目させてから発問しました。

　生徒たちの発言は、「僕もテスト前夜に遅くまで勉強していて、次の日に力が出せず悔しい思いをしたことがあります。何事も早め早めの準備が大切です」など、主人公の公一が学んだことを述べつつも、自然にそこに自分を重ね、自分の生活や体験を照らし合わせながら語られているものが多く見られました。

　身近に感じられる教材であったため、今までの体験を想起しながら、自分の問題として深く考えることができたと思います。

● 終末

　振り返りシートに、今日の授業でわかったことを記述させました。その後、数名に発表させると、次のように話した生徒がいました。

　「私は健康の大切さなんて、普段はあまり意識したことがなかったし、重い病気にでもならない限り、健康のありがたみなんて感じることはないと思っていました。でも、ついつい夜遅くまで起きている公一は、今の自分と似ている気がしました。私も登山ができなかったら、とっても後悔すると思います。それに、頂上まで登れた友達を見るのも辛いと思います。自分がみじめに思えてくると思うからです。この校長先生が言っていたように、いきなり健康にはなれないし、確かな一歩一歩で健康が保たれて、自分の力が発揮できるんだということがわかりました」

（鈴木）

▶内容項目：A−（2）節度，節制

釣りざおの思い出
日々の生活の中で時間を守る大切さを考えてみよう

掲載教科書

ねらい
時間を守る大切さに気づき，置かれた状況の中でより節度ある生活につながる判断をすることを意識して日々の生活を送ろうとする道徳的心情を育てる。

教材のあらすじと活用ポイント

　釣り具店のショーウィンドーに飾られていた釣りざお。少年はずっと欲しいと思い，釣り具店に通っていましたが，ある日釣りざおは姿を消していました。釣りざおを買ったのは少年の母でした。母は少年が釣りざおを欲しがっていることを知り，無理をして買ってくれたのでした。さっそく，日曜日に釣りに行こうとした少年ですが，長く入院しているいとこのお見舞いに行かないかと父から声をかけられます。どうしても釣りに行きたい少年は，帰る時間を約束して釣りに出かけました。
　学校の行事などに学級で準備などに取り組むとき，時間を意識するなどクラスメートたちのことを考えて行動する心情につなげられます。

「特別の教科　道徳」の授業づくりのポイント

　時間を守る大切さに気づかせる内容。私たちは時間は過ぎ去ると二度と戻ってこないという感覚をもって生活しているでしょうか？　特に，後半に書かれている内容がそのことを深く考えさせることにつながります。
　ペアやグループでの話し合いを通して自分自身のこれまでの生活を振り返り，時間を意識した行動が，自分だけでなく，周囲の人々のことを考えた行動につながることに気づくことができます。

評価のポイント

　記入した振り返りシートを基に，そのときの感情に流され，軽い気持ちで行動してしまいかねない自分が，節度・節制をもつことの大切さに気づけたかを評価します。

本時の流れ

	○学習活動	●教師の手だて ◇評価 ※留意点
導入	○生活の中にあるルールやマナーについて考える。 発問　私たちが生活する中で，どんなルールやマナーがあるだろう？ 　　　また，それらが守られているか？	●例として校則や交通ルール等の規則や挨拶等のマナーを挙げ，それらが守られているか振り返らせる。 ※守られていないものについて，導入では深く触れない。
展開	○教材を読む。 発問　最後の母親の目に光る涙には，母親のどんな思いがある？ ○意見交流する。 発問　母親との約束の時間を守れなかった少年のことを，あなたはどう思う？ ○意見交流する。	●あらすじを捉えさせる。 ●教室内を自由に移動し，話しやすい友達と意見交流させる。 ●グループ（3～4名）の中で考えを出し，話し合わせる。各グループで出た考えを発表させる。 ※発表はグループの中で発表者を決めて行う。
終末	発問　私たちが生活する中で，ルールやマナーを守るのは何のため？ ○振り返りシートに記入する。	◇導入で挙がった生活の中でのルールやマナーの例を改めて挙げ，それらに違反したとき，どのようなことが起こるかを考えた上でルールやマナーを守るのは何のためか，自分の考えを振り返りシートに記入させる。

準備物

・振り返りシート

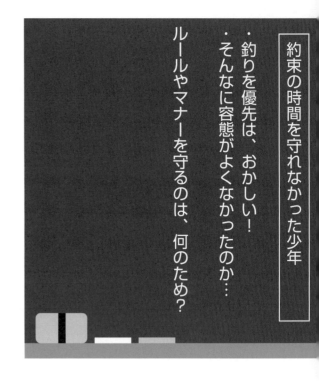

本時の実際

🌑 導入

　世の中には憲法や校則，交通ルールなどの守らなければ罰せられる法律や規則などのルールと，罰せられないまでも集団生活をする上で必要な，挨拶などのマナーがあります。どちらもその根底にあるのは，集団生活をする中で周囲の人々に迷惑をかけたり，不快にさせたりしないという気持ちです。

　導入で生活の中にあるルールやマナーを挙げさせ，それらが守られているかを聞きました。そして，この教材で時間は命そのものであり，時間を守ることの大切さについて考えさせると同時に，法律や規則などのルールやマナーを守らないことが周囲を不快にさせることについて考えさせます。

🌑 展開

　教材を読み，まず1つ目の発問について教室内を自由に移動して話し合わせました。何人かに発表させると，「時間の約束を守らなかった我が子にがっかりした」や「いとこの死に立ち会えなかったことが悲しい」「時間を守ることがどれだけ大事なことか考えなかった我が子とそのような子を育てた自分が情けない」などの考えが出ました。

　次の発問は前後左右で机を合わせ，3〜4名で話し合わせました。どのグループでも「いとこが死ぬかもしれないのに，釣りを優先するのはおかしい」という意見に加え，「いとこがそこまで容態がよくないとは思わなかったんじゃないか」などの意見も出ました。

　話し合い活動ではグループの場合，一部の

釣りざおの思い出

◎日々の生活の中で時間を守る大切さを考えてみよう。

ルール
・自転車の一時停止
・二人乗り
など

マナー
・授業中の私語
・居眠り
など

母親の目に光る涙
・我が子にがっかり
・いとこの死に立ち会えなくて悲しい
・時間＝命
・気づけない我が子　そのような子を育てた自分　情けない

生徒だけが意見を言って，他の生徒は黙っているということがあります。黙っていても友達の考えを聞きながら自分の考えを深めることはあります。

ただ，おとなしい生徒も仲のよい生徒とは話し合うことがあります。今回はまず話し合うことを優先し，まず教室内を自由に移動して仲のよい生徒と話した後，グループでの話し合いを取り入れました。

「節度・節制」の内容項目の授業では，話し合うときに生徒たちがどのような態度で臨むかを見ておき，相手の方を見て話を聞いたり，考えを懸命に伝えようとしているときは，終末でそれらの態度をほめるとよいでしょう。

● 終末

教材に登場する少年や母親について考えたことを踏まえて，自分たちの生活を振り返りました。登場人物については客観的な視点で考えることができても，それを自分に置き換えると，いろいろな事情もあり周囲のことを考えない言動をすることがあります。

振り返りシートには「普段の生活ではあまり時間を意識しないこともあるけど，時間は大切だし，相手のことを考えた行動を心がけようと思う」と書いた生徒が多くいました。

道徳の授業で学んだことがその後の生活に生かされるよう，授業3分前に「そろそろ授業だぞ。時間は守れてる？」など折に触れて声かけをする必要はあります。

（林）

▶ 内容項目：A-(3)向上心，個性の伸長

イチローの軌跡
目標に向かって

掲載教科書

ねらい
自分の個性を肯定的に捉え，困難に負けずに自分の夢の実現に向けて努力を続けようとする態度を養う。

教材のあらすじと活用ポイント

　イチロー選手は，少年時代から野球に打ち込み，希望をもってプロ野球選手になりましたが，それまでの打法を否定され，不遇の時期を過ごしました。しかし自分の信念を曲げず努力を続け，ついに日本とアメリカ両方で活躍する選手となりました。

　最初に簡単にイチロー選手のプロフィールを紹介します。少年時代の部分は知見資料的に扱い，試練の時期の部分は葛藤資料的に扱い，「イチロー」を客観的に見つめさせたり，「イチロー」に自我関与して考えさせたりします。

「特別の教科　道徳」の授業づくりのポイント

　本教材は，中心となる読み物の部分と，イチロー選手の足跡や周囲の人の声，本人の様々な言葉など補助的資料の部分が融合した新感覚の教材です。プロ野球選手になることを夢見て，具体的な目標を掲げながら努力を続けてきた少年時代のイチロー選手を知ることを通して，自分の向上心とイチロー選手の向上心を対比して捉えさせます。プロ野球に入団した当時，それまでの自分を否定されても自分の打法を個性と捉え，葛藤しながらも自分を信じて努力を続けたイチロー選手と自分を対比しながら自己を見つめることで，ねらいに迫ります。

　イチロー選手の言葉から，これからの自分にとって必要なことを考えさせることが大切です。

評価のポイント

　記入した学習シートや発表を基に，自分の短所や長所，他者との違いを肯定的に受容し，自分の個性として多面的に捉え向上させていこうとする様子が見られる授業となっていたかを評価します。そして，これからの自分の生活に生かそうとする意欲が見られたかを評価します。

本時の流れ

	○学習活動	●教師の手だて　◇評価　※留意点
導入	発問　この人を知っているか。知っていることを発表しよう。 ○イチロー選手について、知っていることを発表する。 ○本時の課題を知る。 【課題】イチローの生き方について考えよう。	●イチロー選手の写真を提示し、イチロー選手について知っていることを発表させる。 ※知らない生徒が多いときは教師が補足する。
展開	○教材を読む。 ○少年時代のイチローについて考え、話し合う。 発問　少年時代のイチローについて、あなたはどう思う？ ・小さい頃から目標を決めて、毎日練習を続けたことがすごい。 ・私は夢をもっても、現実的な目標とするまでには至らなかった。もっと続ければよかった。 発問　試練の時期のイチローについて、あなたはどう思う？ ○ずっと続けてきた打ち方を否定され、試合にも出られなかった時期のイチローについて考える。 ・私だったら、監督やコーチに逆らえない。 ・試合に出られるという希望がなくては、とても続けられない。 ・自分を信じて頑張りたいと思う。 発問　イチローの生き方から、あなたはどんなことを考えた？ ○自分が感じたことを記入する。	●少年時代のイチローのエピソードを読んで感じたことを発表させる。 ●自分が感じたことを自由に発表させる。イチローについて思ったことや、自分との比較で感じたことでもよいことを伝える。 ●監督やコーチに振り子打法を否定されたイチローの気持ちや、それでも続けたイチローの気持ちについて考えさせる。 ●振り子打法が自分の個性であり、自分にとって必要なものだと信じたイチローの思いに触れさせる。 ※イチローが大リーグに行ってから自分で打法を変えたことを補足し、常に自分を発展させていることに気づかせる。 ◇他人との相違を恐れず、自分の個性を長所と捉え、目標に向かって努力しようとする気持ちがもてたか。

準備物

・掲示用写真
・ワークシート

イチローの軌跡
イチロー選手の生き方を考えよう

> イチロー選手の
> 写真

・プロ野球選手
・2000本安打
・大リーグでも活躍
・守備が上手
・レーザービーム

本時の実際

● 導入

　アメリカのプロ野球チームに所属するイチロー選手の写真を提示し、「この人を知っていますか」と尋ねました。すると、ほとんどの生徒が知っていると答えました。試合に出場していない年でもあったことから、知らない生徒が多いのではないかと予想していたので、「どうして？」と理由を尋ねたら、「有名だから」という返事が返ってきました。そこで、「イチロー選手について知っていること」を尋ねたら、たくさんの生徒がいろいろな発表をしてくれました。
　発表をまとめながらイチロー選手のプロフィールに簡単に触れ、「イチロー選手の生き方について考えましょう」と課題を提示した上で、教材を提示しました。

● 展開

　教材は、「イチロー選手の紹介」「少年時代」「大きな試練」という3つの文と資料とで構成されています。イチロー選手の生き方を通して、自分を肯定的に捉え、向上心をもって努力を続けることの大切さを感じさせたいと考えました。そこで、「少年時代のイチロー」と「試練のイチロー」を基本発問とし、中心発問は「イチローの生き方から自分が考えたこと」としました。
　イチロー選手に関する統計資料や、本人や周囲の人の言葉は、補助的に扱うようにしました。特に本人の言葉の中には、ねらいに直結するものもあります。また、イチロー選手の言葉は本などにたくさん紹介されていますので、授業者が生徒に伝えたいと思うものを取り上げてもよいと思います。

少年時代のイチロー	試練のイチロー
・他にやりたいことはなかったのかな。 ・好きなことを毎日続けられることがすごい。 ・私なら一つのことだけを続けられない。	・試合にも出られないし、やめてしまおうかな。 ・周りから否定されても、自分を信じて努力を続けたことがすばらしい。

・やってもできないと考えずに、まだ足りないところがあるからできないんだと考え、自分ができるまで努力したい。
・イチロー選手のように、自分のやり方を批判されても気にせず、自分の好きなことを見つけて自分らしく生きたい。

　発問に対しては、個人でじっくり考えさせたいと思いましたので、ワークシートを活用して「書く活動」を取り入れました。特に、プロに入団した当時、中学時代から続けてきた「振り子打法」を批判、否定されたイチローに自我関与させて考えるようにしました。

　しかし、実在の人物であることから、自我関与しにくいという生徒もいましたので、同時に客観的に見つめてもよいことを伝えました。少年時代のイチローに対しては、「好きなことにこんなに一生懸命になれることがすごい」「私だったら一つのことに打ち込むのは難しいかも」という発表が多くありました。また、葛藤の中にいたイチローに対しては、「短い間なら自分を信じて頑張れるけれど、長くなると不安になってやる気がなくなるかも」という意見もありました。

　展開後段と終末を兼ねた「イチローの生き方から考えたこと」に対しては、これからの自分の生き方の指針としたいという趣旨の発言が多く見られました。発問の前に、イチロー選手の言葉を紹介しました。教材に書かれていることの他に、授業者自身が感銘を受けた言葉も紹介しました。すると、「自分も辛いことから逃げずに努力をして、自分に誇れるような生き方をしたい」「イチロー選手のように自分らしい生き方ができるようになりたい」というように、これからの自分の生き方に反映させていきたいという、前向きな意見が多く出されましたので、全体で共有しました。また、教材に書かれている時期以降のイチロー選手の状況や様子についても補足し、余韻をもって終われるようにします。

（岡田）

▶ 内容項目：A－(4)希望と勇気，克己と強い意志

掲載教科書：東書／学図／教出／光村／日文／学研／あかつき／日科

「終わりなき　挑戦」
－成田真由美－
目標をもって　逆境を乗り越えて

ねらい
成田さんを支えている「心の中の力」について話し合うことを通して，目標を達成するために，逆境や失敗を乗り越え努力し続けることが，自分の日々を充実させることにもなるという判断力を培う。

教材のあらすじと活用ポイント

　中学校時代「横断性脊髄炎」を発症し病魔と闘う中，悲劇の事故の後遺症にも負けず，絶望から立ち上がり挑戦を続けた成田さん。アトランタパラリンピックをはじめ，数々の挑戦の中で記録は落ち始めていても，46歳までパラリンピックの出場を続けました。

　成田さんの「挑戦に終わりはない」という言葉の意味と，「彼女を突き動かす『力』」とは何かを考えます。希望と勇気をもって苦難を乗り越えようと努力する意義を考えさせます。逆境に抗い，挫折に学び，日々の生活を充実させることが大切だと思います。

「特別の教科　道徳」の授業づくりのポイント

　授業を構想するときに重要なことが2点あります。1点目は，「希望と勇気，克己と強い意志」という内容項目の中身をきちんと考えることです。「希望と勇気，克己と強い意志」は，「夢」とは違います。失敗や挫折をしないヒーローに憧れるのではなく，困難や失敗を勇気をもって受け止め，厳しく振り返り，挑戦から逃げないことです。それが日々の充実につながります。2点目はこのことを生かす授業構想のことです。「成田さんを突き動かす『力』はどのようなものか」という問いを生徒が終始もつよう配慮します。

評価のポイント

　展開の最後に，「級友に学んだこと，級友の発言で自分の考えが変化したこと」等，成長を実感したことをみんなの前で語り合う場を設けます。協働でつくってきた対話空間の中で，人としての在り方や生き方について，一面的な捉えから多面的な視点へと広げられる授業であったかを評価します。

本時の流れ

	○学習活動	●教師の手だて　◇評価　※留意点
導入	○課題「『逆境』を乗り越え，目標達成に向かうとき必要になる考え」をもつ。	●課題意識「目標達成に必要になる考え」をもてるようにする。
	発問　あなた方にとって，ヒーローって誰ですか？　自分の人生を考えるとき，参考になりますか？	
展開	○「病との闘い」「曙光」「栄光」と端的に分けた板書カードを見て考える。 ○成田さんを「突き動かす『力』」と「挑戦に限りはない（言葉）」について考える。	●内容を「病との闘い」「曙光」「栄光」と端的に分けた掲示物を見せ，考えるようにする。
	発問　病魔との闘い，不運な境遇の中，パラリンピックまで行った成田さん。46歳を過ぎ記録は下がっても「挑戦に終わりはない」と言いますが，どういうことでしょうか。彼女を突き動かす「力」とはどんなものですか。	
	ア＝自分を知ろうとし，前向きに対処する力。 イ＝尽くしてくれた人々に感謝し，応えようとする力。 ウ＝自分の目標，辛くてもやり遂げようとする力。 エ＝困難，失敗体験が大事…高めたい自分をもつ力。 ○自他の理由・根拠の意見を交流する。	●まずは自分の考えを率直に表現し，次に友達の意見と比較して考えるようにする。 ●4つの種類分けの中から，自分の感覚でピタッとする「力」の意味を選ぶようにする。多面的・多角的に考える機会をつくる。
	発問　自分はこの中のどれですか。理由・根拠を自・他に問いましょう。	
	ア＝苦しいときこそ，自分を育てる好機と思えるから。 イ＝人々に感謝・お礼がしたいから。 ウ＝辛いことが楽しみごとに変わるとスゴイから。 エ＝失敗から学んで，次のランクへ行こうとするから。	●選んだ根拠・理由を協働作業で掘り下げて吟味していくことにより，教材の世界を超えて，互いの価値観同士の話し合いになる。 ●「苦境」の際マイナスに働く力を，プラスに転嫁する発想や，それが日々の充実感につながることに気づかせたい。
終末	○意見交流後，振り返りシートに記入する。	●振り返りシートへの成長実感の記入を促す。
	発問　級友の意見から感じたこと，自分の考え等の変化を感じたことは？	
		●導入の「課題」と比べ，級友からの学びを語った後，シートへの記入を促す。

準備物

・掲示用写真
・ワークシート

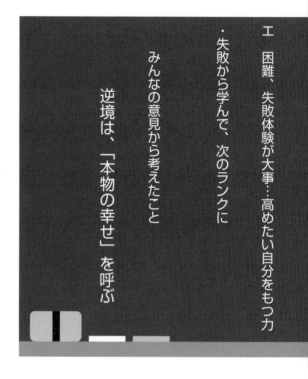

エ　困難、失敗体験が大事…高めたい自分をもつ力
・失敗から学んで、次のランクに
みんなの意見から考えたこと
逆境は、「本物の幸せ」を呼ぶ

本時の実際

導入

　逆境なくして、「挑戦」とか「目標達成」などの言葉は生まれません。また、目標があるから、「失敗や挫折」が生まれるとも思います。私たちに喜びや充実感を味わわせてくれるのは、行きつく先に「幸せ感や充実感」があることが予想できる「苦難」なのではないだろうか…ということを「ねらい」の裏に込めたくて、ヒーローのことを話題にしました。

　「ヒーローは所詮、夢の中のヒーローなんだよ」「俺ら、実際の人生の逆境にどう向かっていく…」「そうなんだよ。俺ら、生きて行くんだよ」というように、生徒たちは、教師が課題と言わなくても課題にしていました。

展開

　生徒には事前に教材を読ませておきます。事前に読ませる際の観点として、「自分がヒーローに感じる人とどこが違う…を考えて読むとよい」と伝えておきます。

　中心的な発問は3つです。

　1つ目の発問は、「彼女を突き動かす『力』とは…」です。

　「自分に残る機能を知り生かす前向きな力」「応援し助けてくれた人々に感謝する力」「失敗しても、目標や意欲をもって取り組んだこと自体が大切…と思う力」「簡単にできない目標をもちたいと思う力」「折れない心と変わる意欲があれば…自然に働きだす、いい方向にもっていく力」等が出て、級友の意見にお互い感動していました。

　その後、中心発問の2つ目である、自分の

「終わりなき 挑戦」―成田真由美―

〈病との闘い〉
ポイントとなる
言葉の箇条書き

〈曙光〉
ポイントとなる
言葉の箇条書き

〈栄光〉
パラリンピック
5回…20のメダル
記録は下がるが46歳
まで出場
挑戦に終わりはない

突き動かす力

ア 自分を知ろうとし、前向きに対処する力
・苦しいときこそ自分を育てるチャンス
イ 尽くしてくれた人々に感謝し、応えようとする力
・人々に感謝とお礼がしたいから自分のエネルギーに
ウ 自分の目標、辛くてもやり遂げようとする力
・辛いことが楽しみごとに変わるとスゴイ

意見の理由・根拠を聞きます。
「自分はこの中のどれですか。理由を言い合って，友達に聞いてもらいましょう。質問や意見も出してください」と問うと，次のような意見が出ました。
「自分の中の新しい発見は，ほとんどが苦しい中で生まれるから」「感謝する力は，エネルギーの源だから」「失敗や挫折ってそのまま終わるわけないから。新しい力になり動き出す源に…目標は，その人の力のレベルだから」「よくなろうとする意欲さえあれば，すべてが逆境から好転するから。どれだけ意欲をもって取り組んだかが，すべてだから」

終末
成長した実感を述べ合う活動を終末に入れます。内容は中心発問からつながっています。議論してくれた級友に感謝の意を表したいので，成長した実感を言いたい生徒は多いです。
生徒からは次のような感想が出ました。
「意欲さえあれば，すべて好転。逆境まで好転させる…という意見。意欲は幸せを呼び込む力がある」
「失敗や挫折って恥ずかしくて隠していたけど，立ち直れば逆にすごい。人は絶対，そのままなんてあり得ない。意欲を言ってくれた人たちみんなから得るものがありました」
「簡単にできない目標だから挑戦が生まれるということです」

（柴田）

▶内容項目：A-(4)希望と勇気，克己と強い意志

全てがリオでかみ合った
さらなる目標に向かって

掲載教科書：東書 学図 教出 光村 日文 学研 あかつき 日科

ねらい
より高い目標に向かって，希望と勇気をもって，困難を乗り越え目標を達成しようとする心情を育てる。

教材のあらすじと活用ポイント

　2016年8月，リオデジャネイロオリンピック，陸上男子400メートルリレー決勝で，日本チームは銀メダルを獲得するという歴史的な快挙を成し遂げました。この結果をもたらしたものは何だったのか，第1走者の山縣選手にスポットを当てて振り返るという内容です。

　活用のポイントとしては，前年の世界選手権に出場できなかった悔しさをバネに，37秒台をねらうため攻めのバトンパスを目指すという目標を掲げて練習に取り組んだことや，けがに苦しみ自分の走りに悩みながらも，自分のやり方を貫き通して結果を出した山縣選手の姿に着目して，困難を乗り越えて目標を達成しようとする心のすばらしさに気づくようにすることです。

「特別の教科　道徳」の授業づくりのポイント

　目標に向かって頑張っているとき，困難や失敗でくじけそうになったら，どうやって自分を励ますかと投げかけることによって，生徒は自分との関わりで教材と向き合うことができます。その上で，困難に立ち向かいながら，目標を達成しようとする山縣選手の思いを自我関与しながら考えたり，リオ五輪銀メダル獲得という結果を手にすることができた理由を考えたりします。そして，山縣選手や日本チームから学んだことを基に，くじけそうな自分に向けてメッセージを書くという活動につなげていきます。

評価のポイント

　授業中の発言やくじけそうな自分に向けたメッセージの記述内容を基に，困難を乗り越える難しさやあきらめず目標を達成する大切さについて，自分自身との関わりで考える様子等が見られていたかを評価します。

本時の流れ

	○学習活動	●教師の手だて　◇評価　※留意点
導入	○自分を見つめて考える。	●今，どんな目標に向かって頑張っているかを確認する。 ※事前に調査することも考えられる。
	発問　困難や失敗でくじけそうになったら，どうやって自分を励ますだろう？	
展開	○教材を読んで話し合う。 ○感想を発表し合う。	●日本チームの画像を提示した後に，教材を範読する。
	発問　この道が正しいのかなと自問自答する山縣選手の胸にはどんな思いがあるだろう？	
	○意見交流をする。	●自分のネガティブな考え方を改めようとするものの，そのままの自分を認めようとする山縣選手の姿勢に気づくように促す。
	発問　銀メダルを獲得できた一番の理由は何だと思うか？	
	○意見交流をする。	●技術的な面と精神的な面の両面から考えるようにさせる。
終末	○自分を励ますメッセージを書く。	◇前向きに書くよう促す。
	発問　くじけそうな自分をどんなメッセージで励ますだろうか？	
	○メッセージを発表し合う。	

準備物

- 日本チームの画像
  （4選手，山縣選手）
- ICT機器
- ワークシート「自分へのメッセージ」

本時の実際

🔴 導入

「今，どんなことを目標に頑張っているか」について，事前にアンケート調査を行いました。

部活動や地域での活動，習い事，学習など様々な結果が見られました。これらを表にまとめて，導入で提示しながら，「困難や失敗でくじけそうになったら，どうやって自分を励ますだろう？」と，授業の入口にあたる発問を投げかけ，授業の後半で再度，この発問を投げかけることを確認しました。

そして，リオ五輪陸上男子400メートルリレーでの日本チームの画像をICTで提示して，教材「全てがリオでかみ合った」を範読しました。

🔴 展開

教材範読後に，生徒に，気になったところなど感想を問いました。

「目標を立てて，それを実現したのがすごい！」や「山縣選手は他の3人の選手と違う考え方ややり方なのが意外だった」「山縣選手が自分のスタイルを貫き通して銀メダルをとったのがすごい！」などの声がありました。

生徒の感想を受けて，「じゃあ，日本チームはどうして銀メダルをとれたのか，その一番の理由に迫ろう」と投げかけ，「でも，他の3人とは違う山縣選手なんだけど，不安もあったね。山縣選手は，この道で正しいのか自問自答をしていた。このとき，山縣選手の胸の中にはどんな思いがあっただろう？」と問いかけました。

近くの3人グループで意見交流をした後で，

全てがリオでかみ合った

アンケート
目標に向かって
- 部活動　　（17名）
- 習い事　　（8名）
- 学習など　（7名）
- その他　　（13名）

> くじけそうになったら、どうやって自分を励ますだろう？

リオ五輪陸上男子4百メートルリレー銀メダル

第1走者　山縣選手
　↓
第2走者　飯塚選手
　↓
第3走者　桐生選手
　↓
第4走者　ケンブリッジ選手

[日本リレーチームの写真]

○この道が正しいのかなと自問自答する山縣選手の胸の中の思いは？
- 本当に今のままで大丈夫か。記録更新できるか。
- 自分のやり方を信じて最後まで。
- 試行錯誤しながら。

[山縣選手の写真]

「本当に今のままで大丈夫かな。記録更新ができるのかな」「自分のやり方を信じて最後まで頑張るしかない」「試行錯誤しながらやるしかない」などの意見が見られました。そして、日本チームが銀メダルをとれた一番の理由を問うと、「攻めのバトンパス」「チームワーク」の他に、「4人で目標をはっきり決めて、目標の実現のために心を一つにして努力した」「絶対にあきらめないという強い気持ち」「自分や仲間を信じる気持ち」などの意見も見られました。

● 終末

山縣選手たちから学んだことを基に、「くじけそうな自分に向けてメッセージを書こう！」と呼びかけ、自分を励ますメッセージをワークシートに記述するようにしました。主な内容としては、「あきらめなければ絶対にできると自分を奮起させる」、「初心を思い起こす」、「支えてくれる人々のことを考える」、などが見られました。その後、全体でメッセージを発表し合いました。

（和井内）

▶ 内容項目：A-(5)真理の探究，創造

「どうせ無理」という言葉に負けない
新しいものを生み出すときに

掲載教科書：東書　学図　教出　光村　日文　学研　あかつき　日科

ねらい

植松さんの生き方から，夢をあきらめず，より高い目標を設定し，困難や失敗を乗り越えて着実にやり遂げようとする心情を育む。

教材のあらすじと活用ポイント

　父が経営する電機会社に入社した植松さんは，ロケット製作に取り組みます。最初，誰も手伝ってくれませんでしたが，植松さんが一人でロケットエンジンをつくり見事燃焼させたのを見て，一緒にやり始めます。植松さんは「子どもの頃は誰もがまだやったことのないことをやりたがったはずだ。しかしやがてはじめての取り組みにはたいていの人が尻込みするようになる。世界初の取り組みはすべて最初は一人だった。逆に言えば，あなたが世界を変える可能性だってある」と語ります。困難に立ち向かう強い意志，希望と勇気，夢などについて，それらをもつことの大切さ，その先にある達成感などについて考えを深められます。

「特別の教科　道徳」の授業づくりのポイント

　筆者はなぜここまでできるのか，普通，なかなかこうはいきません。「どうせ無理」と言ってあきらめてしまう場合が多くあります。あきらめてしまう人とあきらめない人とでは何が違うのでしょうか。生徒に投げかけながら，希望と勇気，夢をどうしたら見いだせるのか，夢や希望をもって生きるとはどういうことなのか，生徒と一緒に考えたいと思います。

評価のポイント

　グループワークで発言するときの様子やワークシートに記入するときの様子など，発言内容や書かれた内容とともに取り組む姿勢について見ておくと，生徒が自分のこととして考え議論する授業になっているのか評価できます。
　発言内容については，全体で共有してから振り返りに記入させると，考えを深めやすくなります。

本時の流れ

	○学習活動	●教師の手だて　◇評価　※留意点
導入	○「夢」という板書を見る。 ○本時の課題を知る。	●「夢」について簡単に振り返れるようにする。 ※簡潔に触れ，あまり時間をかけない。
	発問　今，どんな「夢」をもっていますか。	
展開	○教材の範読を聞く。 ○ストーリーをつかむ。	●生徒の発言を利用して教材の骨組みをつかめるようにし，考えるポイントを明らかにしていく。
	発問　「どうせ無理」と思ってしまうことがあるのはどうしてだろう。	
	○夢を追いかけることを妨げているものについて考える。 ○話し合い用ワークシートに記入する。 ○班ごとに発表する。	●道徳的な問題について考えを深めてから，中心発問につなぐ。 ●机を動かしてグループワークを行い，問題について様々な見方を出し合うようにする。その際，まず個人で考えてから，グループになって意見交換させる。
	発問　植松さんはどうしてここまでできるのだろう。	
	○夢の大切さや，それを追いかけることを支えるものについて考える。	●最初はグループで話し合わせ，その後，机を戻して個人で考えさせる。 ●発表された意見に問い返しながら深めていく。
終末	○板書を見ながら，本時の授業を振り返る。	●できるだけ生徒の言葉（意見）で余韻をもって終わるようにする。
	発問　また「夢」を見つけることができるようになるのはどんなときだろう。	
	○ワークシートに記入する。自己評価についても記入する。	◇記入する様子をしっかり見ておく。

準備物

・グループワーク話し合い用ワークシート
・ワークシート

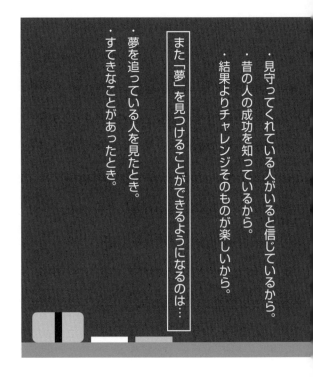

また「夢」を見つけることができるようになるのは…
・夢を追っている人を見たとき。
・すてきなことがあったとき。
・見守ってくれている人がいると信じているから。
・昔の人の成功を知っているから。
・結果よりチャレンジそのものが楽しいから。

本時の実際

● 導入

道徳の授業を始めるに当たり，みんなでどんなことを考えたいのか，そしてその際守ってほしいことはどんなことかを伝えました。

まず，人はみんな幸せになりたいと思っていること，でもなかなかうまくいかなくて悩んでいること，けれど悩みながら少しでもよくなろうと考えることがとても大切であることを伝えました。

また，思ったこと考えたことを何でも言ってほしいけれど，「わざとウケをねらわない」「茶化さない」「人を傷つけることは言わない」という3つのルールを守るように言いました。

その上で「どんな夢がある？」と発問したところ「部活の試合で勝ち，都大会に行く」「学校の先生になる」などの発言が出ました。

● 展開

中心発問に一番時間をかけたいので，前半，効率的に考えるポイントを押さえるために，まず，「どんな話だったか。誰が○○した話，という形で簡単に言ってみて」と発問しました。「ロケットをつくる話」という発言が最初に出たので，「誰が？」「いつ？」「誰と？」などと問いかけながら生徒の発言を利用してストーリーを確認し，「『どうせ無理』と思ってしまうことがあるのはどうしてだろう」と発問してグループワークを行いました。

なかなかはじめてのことには積極的に取り組めない点が問題であることを押さえました。

中心発問では「植松さんはどうしてここまでできるのだろう」と問いかけました。「夢があるから」「ロケットが本当に好きだから」などの発言がありました。

「どうせ無理」という言葉に負けない

どんな夢をもっていますか。

- 部活で都大会に行く。
- 学校の先生になる。

どんな話ですか。

- ロケットをつくる話。

「どうせ無理」と思ってしまうことがあるのはどうしてだろう。

- まだ誰もやっていないから。
- どうしたらいいかわからないから。
- 失敗したら恥ずかしいから。
- 変なことをしている人だと思われそうだから。
- 自分が最初に成功したいから。
- 不安もあるけど最初はそういうものだとわかっているから。

植松さんはどうしてここまでできるのだろう。

- 新しいものをつくっているという実感があるから
- 夢があるから。
- ロケットが本当に好きだから。
- 昔のロケットづくりをした人にあこがれているから。
- 誰もやっていないことにチャレンジするのが好きだから。

　そこで「どんな夢？」と問い返したところ,「ロケットを完成させる夢」という発言があったので,「でも,自分ひとりで完成できるかどうか不安はなかったのかな？ 不安があったと思う人？」とクラス全員に問いかけたところ半分以上の生徒が手を挙げたので「それでも続けられたのはどうして？」と再び問い返しました。「周りが手伝ってはくれないけれどたぶん邪魔もしなかったから」とか「やったことないことをやるのが楽しいから」などの意見が出たので,また「それってどういうこと？」などと聞き返していきました。

● 終末

　筆者の植松さんは「努力というのは我慢ではありません。あこがれた結果,してしまうものです」と書いています。また,ロケットづくりを尻込みしていた会社のメンバーは「植松はたいしたことをやっていないように見えるから」やり始めた,ともあります。

　夢を追うのは,それが楽しいから,魅力があるから,そしてそのための道は実はそれほど特別な道ではない,努力あるのみ,ただ,その先に夢がある。それなら,夢をもつことのできる心とはどういう心なのか最後に生徒に考えさせたくて,「また『夢』を見つけることができるようになるのはどんなときだろう」と投げかけて,授業について振り返らせました。

（海老沢）

▶ 内容項目：B−(6)思いやり，感謝

掲載教科書：東書／学図／教出／光村／日文／**学研**／あかつき／日科

バスと赤ちゃん
相手の立場を思いやって

ねらい
思いやりの気持ちをもって人に接するとともに，自分も周囲の人の善意によって支えられていることに感謝しようとする態度を養う。

教材のあらすじと活用ポイント

　満員のバスの中で泣き出した赤ちゃんを巡って，目的地の手前でバスを降りようとしたお母さん，バスの運転者さん，バスの乗客たちによる，心が温まるようなエピソードです。運転手さん，乗客たち，お母さんの3つの視点から「思いやり」について多面的・多角的に考えられる教材です。

　地域によって満員バスや満員電車の経験がない生徒もいます。活用に当たっては，満員バスの写真やイラスト，赤ちゃんの泣き声など，臨場感をもたせる工夫も必要です。

「特別の教科　道徳」の授業づくりのポイント

　本教材は，「思いやり，感謝」という主題に，多面的・多角的に迫ることのできる教材です。登場人物がみんな「いい人」なので，終末はほんわり温かい気持ちで授業を終われるようにしたいと思います。ICT機器を活用して，教室を満員バスの車内と錯覚させるような場の設定も可能です。特に，満員バスの車内で赤ちゃんや小さい子が泣き止まない場面に遭遇したことのない生徒にとっては，何が問題なのか理解できないことも予想されます。話し合いによって生徒の意識が変容することも考えられますので，授業始めと授業後にネームプレートを使うことも有効です。

評価のポイント

　発表や学習シートから，バスの運転者さん，乗客たち，お母さんの三者三様の思いやりを考えられる授業となっていたかを評価します。そして，多くの人々の善意により現在の自分があることに気づき，自分も思いやりのある行動をとろうという態度が見られたかを評価します。

本時の流れ

	○学習活動	●教師の手だて ◇評価 ※留意点
導入	○赤ちゃんの泣き声を聞く。	●ICT機器を活用して満員バスのイラストを提示する。 ●赤ちゃんの泣き声を聞かせ，自分がこのバスに乗っていたらどう感じるかを考えるようにする。
	発問　あなたがバスに乗っていたらどう思う。	
	○「我慢できる」「我慢できない」というカードの下に，自分のネームプレートを貼る。	※臨場感をもたせ，自分がバスに乗っているという状況で考えられるようにする。 ●「我慢できる」「我慢できない」というカードを提示し，自分だったらという方にネームプレートを貼るように指示する。 ●それぞれの理由を発表させる。
展開	○教材を読む。	
	発問　どうして運転手さんは，「赤ちゃんとお母さんを一緒に乗せてください」と言ったのだろう。	
	○自分の考えをワークシートに書く。 ○意見交流をする。	●生徒の発表が一面的な場合は，「どうしてお母さんは途中で降りようとしたのだろう」「もし，お母さんが平気な様子でバスに乗っていたらどう思う」などの補助発問を行う。
	発問　なぜ私は「どうしていいかわからなかった」のだろう。	
	○「私」に自我関与して理由を考える。 ○友達の考えを聞き，乗客たちのいろいろな思いやりに気づく。	●私が，お母さんや赤ちゃんのことばかりではなく，他の乗客のことも思いやっていたことに気づくようにする。
終末	発問　バスの中で赤ちゃんが泣き出したとき，我慢できるか。	
	○「『もう一つの』バスと赤ちゃん」を読む。 ○今日の授業から学んだことを記入する。 ○自己評価を記入する。	※導入と同じ発問をして変容を見る。 ◇思いやりや感謝の気持ちをもとうとしているか。

準備物

- ICT機器
- 満員のバスのイラスト
- 赤ちゃんの泣き声
- ワークシート
- ネームプレート

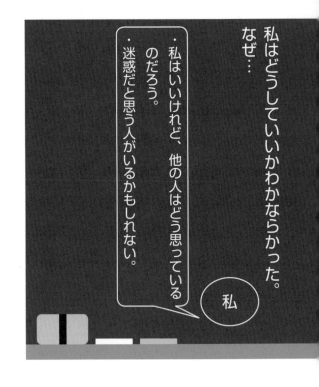

本時の実際

● 導入

教材提示の前に、満員のバス（電車でもよい）のイラストを提示するとともに、赤ちゃんの泣き声を聞かせ臨場感をもたせます。生徒が日常的に満員のバスや電車に乗る体験をしている地域では、満員のバスの不快感を体感的に理解できますが、ほとんど経験がない生徒は教材の場面が実感できません。

そこで、教材に入る前に視覚的、聴覚的に教材場面が理解できるような手だてを工夫することが必要です。

また、授業前と授業後の変容を見るために「我慢できる」か「我慢できない」かを、ネームプレートを使って意思表示させました。自分たちのスタート地点を視覚的に認識させたいと考えたからです。予想していたより思いやりのある意見が多かったので驚きました。

● 展開

教材範読の際にも赤ちゃんの泣き声を流し、教材の内容を実感として理解できるようにしました。「『どうして運転手さんは、赤ちゃんとお母さんを…』と言ったのだろう」という発問では、運転手さんの優しさや思いやりを感じていました。中には「他の乗客にもわかってもらえるように話そう」や「迷惑だと思ってほしくない。そうではないことを伝えたかった」という発表もありました。

中心発問は「なぜ私は『どうしていいかわからなかった』のだろう」としました。多くの生徒が「私はいいけど、他の人がどう思っているかわからない」という思いをもっていました。そして「拍手が起きたときどう思った」と聞くと、「みんな同じ思いだったのでほっとした」という声が聞かれました。

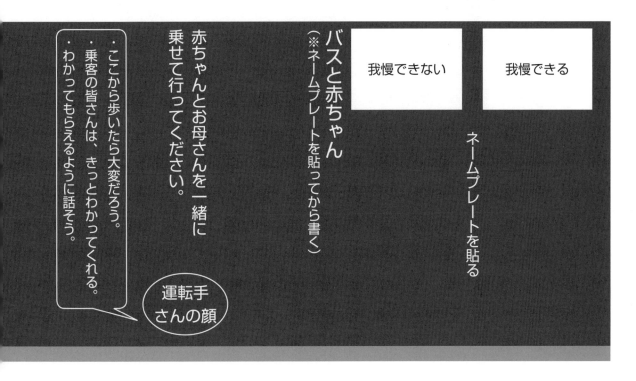

　ややもするとお母さんに対する運転手さんの行為に思いやりを感じがちですが、満員のバスの不快感は誰もが感じるものです。そして、運転手さんは乗客全員の安全に気を配らなければなりません。中には体調の悪い乗客がいたかもしれません。赤ちゃんの泣き声が苦痛だった乗客がいたかもしれません。お母さんは降りた方が気持ちは楽だったかもしれません。実際、赤ちゃんを連れて公共の交通機関を利用することに二の足を踏むお母さんが多いようです。そういうことを含めて相手の立場を思いやる気持ちを考えられるように、補助発問を用意しておくことが必要です。お母さんの心情を考えさせることも大切です。内容を理解することが容易な教材なので、お母さんが他の乗客のことを考えて降りようとしたことにも触れたいです。

● 終末

　終末では、「『もう一つの』バスと赤ちゃん」を読んでから、導入の発問を再度行いました。気持ちが変わった生徒も何人かいました。その上で「今日の授業で学んだことを書きましょう」という振り返りを行いました。「一人の思いやりが、周りの人に伝わっていくんだなと思った」「お母さんの大変さがよくわかった。こういうことがあったら、相手の立場を思いやって手助けしてあげたい」など、自分事として捉えている発表が聞かれました。最後に自己評価を行いました。運転手、お母さん、私、他の乗客などいろいろな立場で考えたことで、真に相手の立場を思いやることや、それを行動に移すことの大切さについて考えられたことが、自己評価や振り返りからわかりました。

（岡田）

▶ 内容項目：B-(6)思いやり，感謝

地下鉄で
本当の思いやりとは

ねらい
女の子2人の行動から，人や社会的弱者のために行動する勇気と思いやりを感じることを通して，思いやりをもって社会的弱者に対する支援を積極的に行おうとする道徳的心情を育てる。

教材のあらすじと活用ポイント

　地下鉄の中で中学生の女の子1人が，たくさんの荷物を持って倒れそうな腰の曲がったおばあさんを押しのけて座席に座ります。そして，友達を手を挙げて呼び寄せます。その光景を見た筆者は，あまりの暴挙に怒りが湧くのですが…。実は女の子はおばあさんのために率先して席を確保し，もう1人の女の子がおばあさんの荷物を持ってその席に案内したのでした。筆者は感動し，女の子たちに何か話しかけようと思いましたが，言葉では言い表せないほどの美しい行為だったので，何も言わずに心を熱くしたというお話です。

　意外な結末が待っているので，文章を分割して与えるか文章を与えずに再現構成法で提示すると，最後まで生徒の気持ちを引きつけて授業をすることができます。

「特別の教科　道徳」の授業づくりのポイント

　この教材文で触れることのできる価値は「①昨今の公共マナーの悪さ，②誤解を恐れずに行動する女の子たちの勇気と行動力，③女の子たちの崇高な思いやりと公徳心・公共心，そして正義感」の3つだと考えました。

　まず，乗り物の中に限らず身の回りの「公共のマナーの悪さ」を思い出させます。十分に人間の醜さを想起させてから本教材に入ると，女の子たちの美しい行為が対比され，「人間捨てたもんじゃない」「私も美しい人間になろう」という気持ちをより強く喚起できると思います。

評価のポイント

　授業中の発言や表情，態度で主人公の気持ちになっていたかを見取ります。また，記入した振り返りシートを基に，思いやりを育む授業となっていたかを評価します。

本時の流れ

	○学習活動	●教師の手だて ◇評価 ※留意点
導入	○社会の迷惑となる行為を考える。	●隣同士で話し合わせてから発言させる。
	発問　今までで見聞きした迷惑な行為にはどんなものがありますか？	
		※出てくる意見をすべて板書する。
	発問　そのときあなたはどうしますか？	
		※なかなか行動しにくいことを確認する。
展開	○はじめの段落を読み、地下鉄での迷惑行為を確認する。 ○「僕」が座席に座らないわけを考え、高尚な理由ではないことに共感する。 ○夕方の地下鉄の出来事を「一つだけ空いていた席へ座った」まで読み、「僕」の怒りに共感する。	●生徒が出した迷惑行為がどこでも起こっていることを確認するようにする。 ●高尚な理由を先に挙げ、そうではないことと対比させる。 ●女の子たちへの怒りを感じるようにするため、途中で教科書を閉じさせる。
	発問　「僕」は心の中で女の子に何と言ったと思いますか？	
	○最後まで読み、女の子たちの行為をどう思うか話し合う。	●隣同士で女の子役と「僕」役を選ばせロールプレイさせる。代表3組に発表させる。
	発問　本当の理由を知った「僕」は女の子たちに何と言いたかったのでしょう？	
	○女の子たちの行動に感動しながらも、そのような行動をしなければならない矛盾に気づく。	
	発問　女の子たちはなぜ誤解をされかねない行動をとる必要があったのだと思いますか？	
	○よりよい社会のあり方を考える。	●4人グループで話し合わせる。
	発問　女の子たちがそんなことをしなくてもよくなるには、どうすればいいと思いますか？	
		●自分事として捉えるように促す。
終末	○振り返り用紙に感想を書かせる。	●音楽を小さく流し、落ち着いた環境をつくる。
	発問　女の子たちの行為から感じたことを自由に書きましょう。	
	○振り返りシートに記入する。	◇指導者の考えを挟まず、振り返りシートへの記入を促す。

準備物

・登場人物の切り絵（表情のある絵よりも，シルエットだけの切り絵がよい。いろいろな表情を感じることができる）
・振り返りシート

本時の実際

🍙 導入

　座席を工夫して同性同士の2人組をつくります。よりスムーズに話し合いができるようにするためです。学年が上がれば異性同士でも大丈夫になっていきます。
　「道徳の授業は心の勉強，机の上には何もいりません」と言って授業を始めます。この2人組で学習していくことを確認するため，「あっち向いてホイ」などの簡単なレクや，1分間肩もみなどのリラクゼーションを行います。本時でも簡単なエクササイズを行いました。
　アイスブレイク後に，自分たちの身近な「社会の迷惑」を出させます。様々な意見が出てきますが，すべて板書していきます。全部出させて，「今日のテーマは『地下鉄で』です」と言って板書します。

🍙 展開

　最初は教材文を与えません。教師の読み聞かせと登場人物の切り絵と板書でストーリーを確認していきます。「僕」の切り絵を貼り，人物像を話し合います。
　その後，「一つだけ空いている席へ座った」まで読み，教科書を閉じさせます。「心の中で『僕』は女の子にどう言ったでしょう？窓側の人が女の子の役，廊下側の人が『僕』の役になり，ロールプレイをします。全員立って始めます。終わったら座ります」と言い，ロールプレイを行わせます。全員座ったことを確認し，役を交替して再びロールプレイをさせます。このときわざわざ起立させるのは「舞台に乗せる」「進行具合を把握する」ためです。よくできていた2人組を指名し，代表で発表させます。女の子たちへの批判が多く

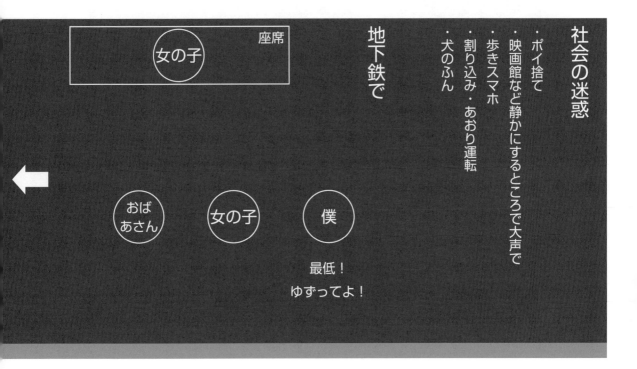

出るようにします。教科書を開かせ，最後まで読みます。「感想を話し合ってください」と言って隣同士で話し合わせ，数名指名し発表させます。「女の子たちは本当はいい人だったんだ」「感動する」など，女の子たちへの称賛の声が聞こえます。そこで再びロールプレイをさせ，「僕」の感動と誤解して済まなかった気持ちを共有させます。

「この話は美談で終わっていいのかな？」と切り込みます。「女の子たちはなぜ誤解をされかねない行動をとる必要があったと思いますか？」と問い，2人組を4人グループにして話し合わせます。「そうまでしないと席が埋まってしまうから」「おばあさんに誰も席を譲らないと思うから」「今まで，おばあさんに席を譲らない場面に何度も出会ってきたから」という意見が多く出されました。

終末

最後に「女の子たちがそんなことをしなくてもよくなるには，どうすればいいと思いますか」という問いにも4人グループで話し合わせました。「みんながマナーを守って優先席には座らない」「お年寄りや病気の人には思いやりをもって必ず席を譲る」「みんなが優しくなる」という意見が出されました。

その後，振り返りシートを記入させ，氏名を切り取って模造紙に貼り，紙上交流します。学級のはじめから行っているので，抵抗なしに本音を書き，共有し合っています。

(堀川)

▶ 内容項目：B−(6)思いやり，感謝

掲載教科書：東書／学図／教出／光村／日文／学研／あかつき／日科

その人が本当に望んでいること
本当の思いやりとは

ねらい

思いやりの心をもって人に接し，その人の思いを受け止め，立場を尊重しながら，相手のためにどうすることがよいか考え，行動しようとする態度を育てる。

教材のあらすじと活用ポイント

　片付けをしなかったことで家でしかられ，学校でしゅんとしている由紀の周りで，香，クラスの他の友達3名が心配そうに見ている場面絵が示されています。教材の冒頭で，「困っている友達に，どのようなことがしてあげられるでしょうか？」と呼びかけ，それぞれの立場で考えていくという，学習の進め方もセットで提示されている新しいタイプの教材となっています。活用のポイントとしては，由紀の思いに自我関与して由紀の置かれている状況や立場について考えるようにしながら，由紀にどうするのがよいことなのか，香，他の友達（数名）の立場で考えるようにすることです。3人の小グループで，由紀，香，他の友達のそれぞれの立場になって話し合うことも考えられます。

「特別の教科　道徳」の授業づくりのポイント

　「特別の教科　道徳」では「考え，議論する道徳」ということがポイントとされています。生徒の問題意識から共通の学習テーマを導き，問題解決的な流れをつくっていくことで，「考え，議論する」授業展開にしていくことも一つの方法です。本教材の場面絵にまず着目するようにして，「この場面では何が問題なのでしょう？」と問いかけ，生徒の気づきの中から，「困っている友達に，どのようなことがしてあげられるでしょうか？」を投げかけるようにします。

評価のポイント

　導入で記入した学習テーマ「困っている友達に，どのようなことがしてあげられるでしょうか？」への自分の考え（一次）と，後半で記入した記述内容の変容を見取り，思いやりについて多面的・多角的に考えが深まった授業であったかを評価します。

本時の流れ

	○学習活動	●教師の手だて　◇評価　※留意点
導入	○問題場面を知る。	●由紀の表情や心配そうに見る香，他の友達の様子に着目するようにする。 ※見た感想を求めることも考えられる。
	発問　困っている友達に，どのようなことがしてあげられるでしょうか？	
	○ワークシート1に記入する。	●自分の考え（一次）を書くようにする。
展開	発問　どのような言葉かけや行動をするのがよいでしょう？	
	○3人グループになって話し合う。 ○グループごとに役割演技を行う。	●ワークシート1を基に話し合わせる。 ●由紀に対する具体的な言動を香，他の友達の立場で考えるようにする。また，それらに対する由紀の言動も考え，それぞれの立場で演技を行わせる。
	発問　それぞれの立場で一番よいと思った言葉や行動は？	
	○ワークシート2に記入し発表し合う。	●他のグループの演技を参考にしながら書く（二次）ようにする。 ◇ワークシート1との比較を意識するように促す。
終末	発問　今日の学習を振り返ってみましょう。	
	○感想を振り返りシートに記入する。	●学び方についても振り返るようにする。

準備物

・教材の問題場面絵
・ワークシート（1と2）
・振り返りシート

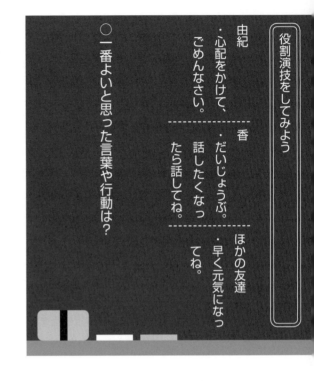

本時の実際

💡導入

教材にある問題場面絵を示して、「この場面では何が問題なのでしょう？」と投げかけました。

「左手前の女の子が悲しそうに泣いている」「心配そうな様子で、周りの人たちが見ている」という声を受けて、由紀が片づけをしなかったことで家でしかられたことを告げ、由紀を見守る香、他の友達の存在を確認しながら、学習テーマ「困っている友達に、どのようなことがしてあげられるでしょうか？」を提示しました。

そして、ワークシート1に、どうすることがよいか、自分の考え（一次）を記入しました。声をかけて事情を聞くという内容が目立ちました。

💡展開

発問「具体的にどのような言葉かけや行動をするのがよいでしょうか？」を投げかけ、3人グループになって話し合いました。

その際、「由紀は今どんな思いで、何を望んでいると思うか」「香の立場（身近な友達）、他の友達（クラスメイト）の立場で、どうすればよいか」を話し合うようにしました。

由紀の思いや望んでいることについては、「悲しい思いをしているのでなぐさめてほしい」「家族のことなので気持ちが落ち着くまでそっとしておいてほしい」との意見が見られました。

これを受けて、香の立場では「まずはどうしたのと声をかけて、事情を聞く」「心配していることだけを告げて、無理に事情を聞かない方がいい」「由紀さんが自分から言い出

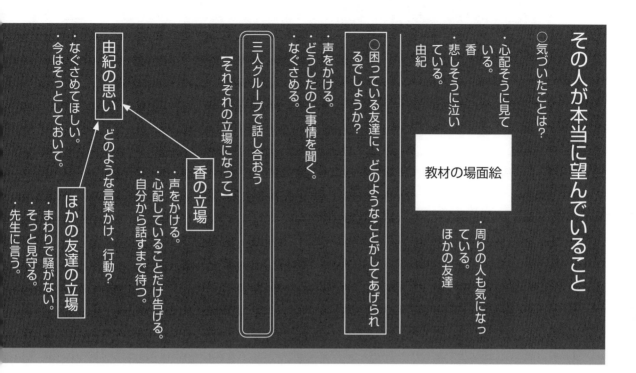

終末

お互いの演技を基に、それぞれの立場で一番よいと思った言葉や行動を記述する（二次）活動では、由紀の気持ちを考えて、無理に事情を聞かない、由紀を見守るという内容が多く見られました。

これらを受けて、「今日の学習を振り返ってみよう」と呼びかけて学習感想を書くようにしました。「相手の事情を無理に聞き出すよりも、その人の気持ちを考えて見守ることも大事だと感じました」などの記述が見られました。

すのを待つ」という意見が見られました。一方、他の友達の立場では「周りの人が騒がない方がいい」「そっと見守る」「先生に言う」などの意見が見られました。

次に、「グループでの話し合いを基に、それぞれの立場になって役割演技をしてみよう」と呼びかけました。グループごとに発表する場面では、「香：由紀さん、どうしたの？　由紀：何でもないの。今はそっとしておいてね。香：話したくなったら言ってね。由紀：ありがとう。他の友達：早く元気になってね。」など、由紀の気持ちを優先に考え、演技する様子が見られました。

（和井内）

▶ 内容項目：B −(7)礼儀

「愛情貯金」をはじめませんか
時と場に応じた適切な言動をとる

掲載教科書：東書／学図／教出／光村／日文／学研／あかつき／日科

ねらい
他者への敬愛の気持ちをもち，時と場に応じた適切な言動を通して，気持ちのよい社会を築こうとする。

教材のあらすじと活用ポイント

本教材は，主人公が挨拶についてのいくつかの日常的な例を示しながら，挨拶が人と人との心の潤滑油であることを，わかりやすく述べた文章です。人とのコミュニケーションがうまくとれずに悩む生徒にも，「できることから始めよう」という思いを喚起できる教材です。相手を尊重する行為から，相手以外のすべての人たちとのつながりの中で自分自身が支えられていることに気づかせるようにしたいと思います。

「特別の教科　道徳」の授業づくりのポイント

本教材の中にあるひとり暮らしのおばあさんの気持ちや若い女性の言葉，俵万智さんの短歌に見られる心情に迫りながら，相手の気持ちを理解するとともに，その他の大勢の人たちとのつながりを考え，誰に対しても礼儀の心をもって生活するような態度を育てるようにします。

また，体験的な学習を取り入れることにより，考えるだけでなく体験したことの思いを実感することにより，礼儀の大切さを捉えられるようにします。

評価のポイント

「挨拶が，人の心を潤すものであることを理解し，進んで他者との関わりをもとうとする態度を育むことができる授業だったか」「挨拶が，相手への敬愛の気持ちを伝えるとともに，その他の人たちの存在を理解し，つながりの中での礼儀の意義を理解することができる授業だったか」を評価します。

本時の流れ

	○学習活動	●教師の手だて　◇評価　※留意点
導入	発問　挨拶を自分からしたり，相手からされたりして気持ちのよかったことはありますか。	
	・思い切って挨拶したら気持ちよかった。 ・相手の人が，最初にしてくれて，気持ちよかった。	※挨拶は，自分からしても，相手からされても気持ちのよいものだという体験を想起できるようにしたい。
展開	○教材「『愛情貯金』をはじめませんか」を読んで，考える。	
	発問　若い子は，「あいさつって，言葉のスキンシップになるんです」と言っていますが，これはどういうことですか。	
	・挨拶が，人と人との触れ合うきっかけになる。 ・まずは，挨拶から人との関わりが始まる。	※挨拶が，相手に対する構えた気持ちを取り去ることに気づくようにする。
	発問　若い子は，続けて，「あいさつのあと，もう一言，たとえば着ている服が，『それ，ステキね』とか『よく似合うわ』とほめられたりすると，スキンシップの貯金もできるんです。『愛情貯金』ですよね」と言っていますが，これはどういうことでしょう。	
	・挨拶だけでは，人間関係は深まらない。 ・挨拶の後の一言が，本当の挨拶である。	※最初の挨拶は，きっかけづくりであり，挨拶の後の一言こそが，相手との関係を深めるものであることを考えるようにしたい。
	発問　笑顔で，明るい挨拶を練習してみましょう。	
	○1人で練習する。 ○2人組になり，挨拶の練習をする。挨拶した後には，さらに言葉をかけて，会話になるように練習する。	●まずは1人で，挨拶の練習をする。鏡をあらかじめ準備するとよい。 ◇それぞれのよかった点を相互に評価し合うようにする。
	発問　「『愛情貯金』をはじめませんか」と呼びかける若い子は，どのような願いをもっていると思いますか。	
	・みんなが挨拶を自然に交わせるようになってほしい。 ・挨拶をすることによって，誰とでも人間関係を深めてもらいたい。	※単なる言葉のやりとりに終わることなく，相手への温かい気持ちを伝えることの大切さを考えられるようにしたい。
終末	○教師から「礼」という漢字についての説明を聞く。	※挨拶が「礼」の心から始まっていることを考えさせたい。

準備物

・鏡
・「礼」「禮」の字を大きく書いた紙

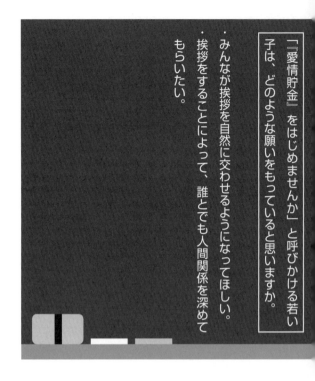

「愛情貯金」をはじめませんかと呼びかける若い子は、どのような願いをもっていると思いますか。
・みんなが挨拶を自然に交わせるようになってほしい。
・挨拶をすることによって、誰とでも人間関係を深めてもらいたい。

本時の実際

導入

「挨拶を自分からしたり，相手からされたりして気持ちのよかったことはありますか」という発問をしたところ，生徒から，「挨拶が，人と人との触れ合うきっかけになると思います」「挨拶から，人間関係ができるのだと思います」の発言を聞くことができました。

この時間は，挨拶を交わしたときの思いを，体験活動を通して，生徒一人ひとりに考えさせることをねらいとするため，導入時も，生徒自身の体験談を聞くようにしました。

教師は，生徒が挨拶できる（している），できない（していない）というようなことを聞かず，挨拶したときに感じた思いをそれぞれの生徒から聞くようにしたいと考えます。

展開

最初に「あいさつって，言葉のスキンシップになるんです」と言っていますが，これはどういうことですかと聞きました。

次に，「あいさつのあと，もう一言，たとえば着ている服が，『それ，ステキね』とか『よく似合うわ』とほめられたりすると，スキンシップの貯金もできるんです。『愛情貯金』ですよね」と言っていますが，これはどういうことだろうと聞きました。

これは，最初の挨拶は，きっかけづくりであり，挨拶の後の一言こそが，相手との関係を深めるものであることを考えさせたいためでした。

生徒は，「挨拶だけでは，人間関係は深まらない」「挨拶の後の一言が，本当の挨拶である」などと答えてくれました。

「愛情貯金」をはじめませんか

若い子は、「あいさつって、言葉のスキンシップになるんです。」と言っていますが、これはどういうことですか。

・挨拶が、人と人との触れ合うきっかけになる。
・まずは、挨拶から人との関わりが始まる。

若い子は、続けて、「あいさつのあと、もう一言、たとえば着ている服が、『それ、ステキね』とか『よく似合うわ』とほめられたりすると、スキンシップの貯金もできるんです。『愛情貯金』ですよね。」と言っていますが、これはどういうことでしょう。

・挨拶だけでは、人間関係は深まらない。
・挨拶の後の一言が、本当の挨拶である。

体験しよう。
・一人で。
・二人組で。

● 終末

　礼という字は、もともとは禮という字でした。ずいぶんと省略されました。現在でも、神社やお寺のお祭りには、この禮という字が使われています。この禮の字の語源は、こんな字から来たといわれています。左側のしめすへんは、天からそそぐ神の光を表しています。右側のつくりは、きびなどの「おくもつ」がお皿に乗っているところです。禮という字は、人間と神様が関わるための作法ということなのです。神社やお寺にお参りするときは、自分だけのためにお願いごとをしてはいけないといわれています。礼とは、相手がいるからこそ成り立つものです。ですから、自分のことをお祈りするのではなく、周りの人のことや住む町の人のことなど、みんなのことをお祈りするのが礼なのです。

　体験活動では、最初に、1人で、笑顔で、明るい挨拶を練習しました。生徒は、最初、照れながら、挨拶をすることをためらっていました。しかし、あらかじめ準備していた鏡を配付すると、面白おかしく笑顔をつくる練習を始めました。次に、2人組になって、挨拶の練習をしました。最初は照れていましたが、慣れてくると、自分で工夫しながら会話をするようになりました。

　最後に、体験したことを振り返りながら、「『愛情貯金』をはじめませんか」と呼びかける若い子は、どのような願いをもっているかということを聞きました。生徒は、「みんなが挨拶を自然に交わせるようになってほしいです」「挨拶をすることによって、誰とでも人間関係を深めてもらいたいです」と答えました。

(松原)

▶ 内容項目：B−(8)友情，信頼

吾一と京造
友情における信頼を考えよう

掲載教科書：東書／学図／教出／光村／日文／学研／あかつき／日科

ねらい
吾一が京造の姿から感じたことを考えることを通して，友情の基盤である信頼の在り方を考え，自分自身の姿を振り返ろうとする道徳的実践意欲を育てる。

教材のあらすじと活用ポイント

　本教材には，遅刻した秋太郎によって仲間全員が遅刻してしまう危機に対して，秋太郎をおいて自分のことを優先し学校に駆けつけようとする吾一と，秋太郎の身の上を考え行動をともにしようとする京造との相反する行動が描かれています。

　吾一の行動は，一見間違っていない行動に見えます。しかし，友情という観点から考えた際には，「その行動は本当に間違っていなかったのか」という疑問点が生じてしまいます。そこに焦点を当てながら，吾一の心情を追っていくことがポイントになるといえます。

「特別の教科　道徳」の授業づくりのポイント

　本教材には，「友情とは何か」を考えていく様子が描かれています。「真の友情」とは，互いに変わらない「信頼」があってこそ成り立つものといえます。

　授業の導入時に，子ども自身が抱く「信頼できる友達像」を考えさせていきます。その後，展開前半において，教材に描かれている「友達として信頼できる姿」を，京造の姿や吾一の心情から感じ取っていきます。展開後半では，感じ取った「信頼」を自分のこととして考え直しながら，自分との深い対話を促していきます。

評価のポイント

　記入した振り返りシートを基に，自分が抱く友達像や友達から見た自分の在り方を振り返り，互いによい関係を築いていくことの大切さを考えようとしている様子などが見られる授業となっていたかを評価します。その後，内容を学級全体で共有したり，特別活動の時間につなげたりしていくことが望ましいと考えます。

本時の流れ

	○学習活動	●教師の手だて　◇評価　※留意点
導入	○友達の在り方を考える。	●学びのテーマ「信頼」を伝える。また、教師が抱く「信頼できる友達像」を一つ伝え、学び促進のきっかけにする。
	発問　「信頼できる友達」とは、どんな人のことをいうのだと思いますか？	
		※短時間で、リズミカルに全員発表させる。
展開	○教材を読む。	●範読前に、話の流れを簡単に紹介する。また、読みの視点として、登場人物の「吾一と京造」に注目することを伝える。
	○吾一が京造から感じたことを考える。	
	発問　正しいことをしたと思っている吾一は、なぜ、京造の姿を大きく感じたのでしょうか？	
	○意見交流する。	●以下のポイントに留意して問いかける。 ・慌てて目を伏せてしまったのはなぜか。 ・心が草の葉のように揺れるとはどういうことか。 ・京造はどうして本当のことを言わなかったのか。 ・京造の友達として信頼できる点は何か。
	○今の自分自身の在り方を振り返る。	
	発問　今の自分は、友達から、どのくらい信頼されている自分だと思いますか？	
	○意見交流する。	●以下のポイントに留意して問いかける。 ・どうしてそう思うのか。 ・「信頼されている人」とは、どんなことをしている人なのか。 ・今の自分をどうしていきたいか。 ・本当の友達とは。
終末	○今後の自分の在り方を考える。	●友達についての考えを深める一助として、谷川俊太郎の詩「ともだち」の一節を紹介する。
	発問　友達として「信頼ある人」になるために、今の自分のどんなところを成長させていきたいですか？	
	○振り返りシートに記入する。	◇指導者の考えを挟まず、振り返りシートへの記入を促す。

準備物

- ICT機器
- 京造の挿絵
- 振り返りシート

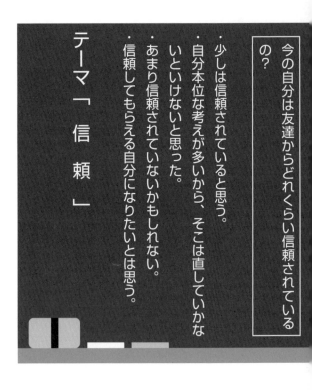

テーマ「信頼」

今の自分は友達からどれくらい信頼されているの？

・少しは信頼されていると思う。
・自分本位な考えが多いから、そこは直していかないといけないと思った。
・あまり信頼されていないかもしれない。
・信頼してもらえる自分になりたいとは思う。

本時の実際

● 導入

　授業のはじめに，道徳科がどのような時間なのかを確認しました。私は，「人間的な魅力を探す時間」と伝えています。また，学びのテーマ「信頼」も伝えます。理由は，道徳の時間が教師と生徒にとってどのような時間であるのか，何を中心に学んでいくのかを明確にすることで，生徒がより一層大切な時間として捉えることができると思っているからです。その後，発問の前に，教師自身が発問に関わる考えを一つ述べ，共に学んでいこうとする雰囲気を高めました。そして，発問に基づき，全員発表を行いました。生徒からは，「いつも相談に乗ってくれる人」「自分のことだけでなく，友達のことも一生懸命に考えてくれる人」といった意見が出ました。

● 展開

　教材を読んだ後，感想交換の場面を設けました。生徒たちは，「吾一は自分のことしか考えていない」「京造の秋太郎のことを思っての行動はすごいと思った」といった，京造の在り方を認め，自分本位の考えをしている吾一に否定的な捉えをしていました。

　その後，発問を基に，グループで話し合わせたところ，吾一の心情として「自分と違って，最後まで友達のことを考えて行動した姿に圧倒された」「正しいことをしたけど，友達のことは放ってしまった自分が情けなく，惨めに感じた」といった意見が出ました。また，ポイントに留意して問い返しを行ったところ，「友達という視点をもつと，吾一の行動は正しいとはいえないのではないか」という考えが出てきました。

人間的な魅力を探す

「信頼できる友達」とはどんな人?

・いつも相談に乗ってくれる人。
・自分のことだけでなく、友達のことも一生懸命に考えてくれる人。
・困っているときに助けてくれる人。

京造の姿から

- 自分と違って、最後まで友達のことを考えて行動した姿に圧倒された
- 正しいことをしたけど、友達のことは放ってしまった自分が情けなく、惨めに感じた
- 秋太郎のことだけでなく、他の友達のことまで気にかける姿に驚いた

京造が大きく見えたときの挿絵

　その後，今の自分の在り方を振り返ることにつながる発問をすると，導入時に考えた内容と教材の中に込められている道徳的価値をすり合わせながら，今の自分について考えようとする姿が見られました。生徒からは，「少しは信頼されていると思うけど，自分本位な考えが多いから，そこは直していかないといけないと思った」「あまり信頼されていないかもしれない。でも，信頼してもらえる自分になりたいとは思う」といった意見が出ました。そこで，ポイントに留意して問い返しを行ったところ，今の自分の在り方に加え，過去の体験談やそのときどうした方がよかったのかといった，具体的なことも数多く出てきました。

● 終末

　授業の終末に，本時の学びのテーマ「信頼」を再確認した後，谷川俊太郎作「ともだち」の一節を紹介しました。

　その後，発問に基づき，本時の学びを振り返りました。生徒からは，「自分のことだけでなく，友達のことを一生懸命に考え，行動していきたい」といった意見が出てきました。

　また，それぞれの振り返り内容を互いに伝え合い，共有する場面も設けました。自分の考えていた「友達像」とは異なる考えに触れる機会となり，新たな考え方を見いだしていたように思います。

（藤永）

▶ 内容項目：B−(8)友情，信頼

部活の帰り
他者とよい関係を築くには

掲載教科書

ねらい
「僕」の心情の変化から，友人関係でも，異性との関わりでも，お互いに尊重し合うことが大切だという道徳的心情を育てる。

教材のあらすじと活用ポイント

　部活の帰りに，以前から気になっていた「K子」を見つける「僕」。そのとき，身体の不自由なおばあさんが横断歩道を渡ろうとしている場面に遭遇します。手助けしたいが，「K子」にどう思われるだろうと，ためらってしまいます。しかし，一生懸命おばあさんを助けようとする「K子」の姿を見ているうちに，自然と「K子」に協力したい気持ちが高まっていくという話です。「彼女を見るとためらってしまった」序盤の「僕」の気持ちに共感させ，その後どうして横断歩道のボタンを押したり，バスの運転手さんに彼女を待っていてくださいと声をかけることができたのか，その心情の変化を読み取るのが活用のポイントです。

「特別の教科　道徳」の授業づくりのポイント

　この教材を使うことにより，男女の関係でも同性の友情でも，「お互いを尊重し，お互いに助け合う」ことが，信頼関係の基本だということが理解しやすいと考えられます。
　表面的な心情理解に終わらず，おばあさんを助けなきゃいけないことをわかっているのに彼女の目を気にして一歩を踏み出せない「僕」の心情の部分を，「自分だったら…」と自分の言葉で話せるようにするのが大切です。終末には，他者との信頼関係をつくっていく上で何が大切なのかまでを考えさせたいと思います。

評価のポイント

　記入したワークシートや，授業中の発言などを基に，他者との人間関係をつくる上で大切なことを，自分にはできるかどうかも含めて，多面的に考えることができる授業になっていたかを評価します。その後，その内容を学級全体で共有していくことが望ましいと考えます。

本時の流れ

	○学習活動	●教師の手だて　◇評価　※留意点
導入	○恋愛することのよさを考える。 **発問**　いい恋愛とはどんなものなんだろう。	●恋愛をするとどんないいことがあるのか，と，「デートDV」について簡単に触れる。
展開	○教材を読む。 **発問**　「彼女を見るとためらってしまった」について，（よくわかる）を100，（理解できない）を0として，自分の気持ちを数値化してみよう。 ○意見交流する。 ・おばあさんを助けるのは当然のこと。 ・やっぱり彼女の目を気にしてしまう。 **発問**　ためらっていた「僕」が「とっさにボタンを押した」り，バスを止めることができたのは，なぜだろう。 ○意見交流する。 ・彼女に協力したいと思ったから。 ・外見だけじゃなくて，中身もすてきだと思ったから。	●黒板に0〜100を表にして，それぞれ当てはまるところにネームプレートを貼らせる。 ●ためらっていたときの「僕」と，このときの「僕」ではどう違っているのか考えるようにする。
終末	**発問**　「僕」と「K子」がお互いにこれからもいい関係を続けていくには，どんなことに気をつけていけばいいだろう。 ○意見交流する。 ・苦手なところを助けてあげる。 ・お互いに認め合う。 ・相手の気持ちになってものごとを考える。	●恋愛に限らず，友人関係など，他者との関係をつくっていく上で大切なこと，として考えるようにする。 ◇ワークシートにこの授業で学んだこと，考えたことを記入させる。

準備物

- ICT機器
- ワークシート
- デートDV資料

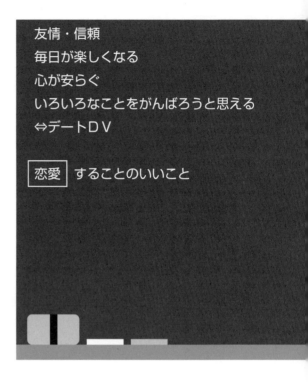

本時の実際

●導入

　授業の始めに,「毎日が楽しくなる」「心が安らぐ」「いろいろなことをがんばろうと思える」と板書し,「これは何のいいことだと思う？」と考えさせました。その後で,LINEを返さなかっただけで激高して暴力を振るう,「デートDV」の事例も紹介しました。両極端の事例を見せることによって,考えるきっかけをつくろうと思ったからです。

　また,「男女の敬愛」というとどうしても「恋愛」が想像でき,なかなか発言するのが恥ずかしいことも想像されたため,まずは自分のこと,というよりも,こういう一般の「恋愛」のイメージや,事例を出すことによって授業に入りやすくしました。

●展開

　教材「部活の帰り」を範読しました。

　1つ目の発問は,「彼女を見るとためらってしまった」という文から,なぜためらってしまったのか考えさせました。生徒たちからは「K子に嫌われたくないから」「かっこつけてると思われたくないから」という声が出,その後に「そんな『僕』の気持ちに,自分は共感できるか」を0〜100で数値化させました。

　「理解できない」派は,「おばあさんを助けようとするのは当たり前のことだから」「そんなことでかっこつけてると思う相手に好意をもつ必要はない」など,「よくわかる」派は,「手助けしなくてはならないことはわかっていてもやっぱり彼女の目を気にしてしまう」などの声が上がりました。

お互いにいい関係でいられるためには… 　尊重

相手のことを思いやる　自分の気持ちを押しつけない　相手のことを考える　相手の意見を聞く　自分も言う

| とっさにボタンを押した | 「あの女の子ですが，乗りますから待ってください」 |

K子さんの声が聞こえた　助けたい　K子さんを助けたい　自分が協力しないとがっかりさせてしまう
ひとりで頑張っているのを見た　勇気　役に立ちたい

嫌われたくない　かっこつけてる　　　　　　　　　　　　　　　　　すぐ助けるべき
　　　　　　　　　　　　　　　　　　　　　　　　　　　　　　　かっこつけてるわけではない

| 彼女を見るとためらってしまった | 僕の気持ちは…

　　　　　　　　　　　　　　よくわかる　　　　　　迷う　揺れ動く　　　　　理解できない
　　　　　　　　　　　　　　100　　　　　　　　　　　50　　　　　　　　　　0
　　　　　　　　　　　やっぱり目が気になる　　　　　　　　　　　気にしなくていい

　その後，そんなふうにためらっていた「僕」がなぜとっさに横断歩道のボタンを押したり，バスの運転手さんに声をかけることができたのかを考えさせました。

　生徒からは「K子さんがひとりでがんばっているのを見たから」「おばあさんもK子さんも助けたくなったから」「自分が協力しないと，K子さんを悲しませてしまうから」などの声が上がりました。

　この部分を考えていくうちに，「ためらってしまった」ときの「僕」が「自分のことしか考えていなかった」のに対して，後半では，相手（K子）のことを考え出していることに，生徒たちは徐々に気づいていったようでした。

終末

　授業の終末では，もう一度導入のデートDVのことを想起させ，「この先『僕』と『K子』がどんな関係になっていくかはわからないけど，仲が進展したとしても友達でいたとしても，2人がお互いによい関係でいられるためにはどんなことに気をつけていったらいいのだろう」と問いかけました。

　生徒たちからは「相手のことを思いやる」「自分の気持ちを押しつけない」「相手の都合や考え方を考える」「相手の意見を聞く」などの意見が出ました。「意見を聞くだけでいいのかな」と問うと，「自分の意見もしっかり伝える」との声も出ました。じゃあ，こんなふうに，お互いのことを考えることを漢字2文字で何という，と問うと「尊重」という言葉が出て，授業を終えました。　　　　（東）

▶ 内容項目：B-(8)友情，信頼

旗
人は信頼できる

掲載教科書

ねらい
クラスメイトの行動から，仲間の優しさと思いやりを感じることを通して，人間として生きる喜びや友情，信頼関係の存在を感じることで，人を信じ思いやりのある行動を実現しようとする道徳的心情を育てる。

教材のあらすじと活用ポイント

　この町に越してきて，転校してすぐに事故に遭ってしまった少女。友達をつくる間もなく1か月の入院と自宅療養になってしまいます。ある日，クラスメイトの女の子が突然訪れます。学級旗をパッチワークでつくるので，小さい布きれを出してほしいということです。少女は忘れられていなかった喜びに小さなクリーム色の布に赤いバラの縫い取りをします。クラスメイトが受け取りに来てくれた数日後，窓の外にはパッチワークの学級旗が…。

　少女の視点で書かれている文章ですが，クラスメイトの視点から考えると，何とも温かい思いやりと歓迎の気持ちに満ちたお話です。この裏話を考えさせることによって，人は信頼できるということや友情を感じさせることができます。

「特別の教科　道徳」の授業づくりのポイント

　本教材は心細い思いをしている少女と，少女の想像とはうらはらに少女を温かく迎え入れようとするクラスメイトの姿が対照的な内容です。その対照的な表現が，さらに人の温かさを感じさせてくれます。

　教材を分割して与え，心細く不安な少女の気持ちを丁寧に感じるようにします。結末まで読んだら，教師がクラスメイトの女の子の役になり，ロールプレイを取り入れます。

評価のポイント

　授業中の発言や表情，態度で主人公の気持ちになっていたかを見取ります。また，記入した振り返りシートを基に，友情を大切にすることを考えられる授業だったかを評価します。

本時の流れ

	○学習活動	●教師の手だて　◇評価　※留意点
導入	○転校したときの気持ちを考える。	
	発問　転校したてのときってどんな気持ちだと思う？	
		●転校経験のある生徒に気持ちを語らせる。
展開	○登場人物の状況を確認する。	●少女の切り絵を用意する。
	発問　転校後すぐに1か月学校を休んでしまった少女はどんな気持ちでしょう？	
	○ベッドに寝ているときにできることを想像し，単調な毎日を想像する。 ○窓の外に見えるものを考える。 ○レモン色の旗を見つけたときの気持ちを読み取る。	●黒板に窓に見立てた四角を書き，見えるものを考えるようにする。 ●「友だちとなっていたのである」までの教材を配布して読む。 ●窓の真ん中に旗に見立てたレモン色の画用紙を貼る。 ●「なんとなくうれしかった」までの教材を配付して読む。
	○クラスメイトが訪ねて来たときの少女の気持ちを想像する。	●隣同士で話し合わせる。
	発問　学級旗の話を聞いたとき，少女はどんな気持ちになったでしょう？	
	○バラの花の縫い取りをした少女の布を持ち帰ったクラスメイトの行動を考える。	●教師がクラスメイト役になり，ロールプレイをする。
	発問　少女から布もらってきたよ！　どこに置く？	
	○旗を屋根の上に掲げるまでの話し合いを想像する。	●生徒が「生徒役」になりきれるよう，感情豊かにロールプレイする。
	発問　ねえ○○，レモン色の旗，あなたの家のだよね？	
		◇「生徒」になりきって発言し，少女の教室のように温かい雰囲気になったか。
終末		●音楽を小さく流し，落ち着いた環境をつくる。
	発問　今日の「旗」の話から感じたことを自由に書きましょう。	
	○振り返りシートに記入する。	◇指導者の考えを挟まず，振り返りシートへの記入を促す。

準備物

- 少女とクラスメイトの切り絵（表情のある絵よりも，シルエットだけの切り絵がよい。いろいろな表情を感じることができる）
- レモン色の画用紙・パッチワークを模した画用紙・赤いバラの花を書いたクリーム色の紙
- 振り返りシート

本時の実際

● 導入

「道徳の授業は心の勉強，机の上には何もいりません」と言って授業を始めます。この2人組で学習していくことを確認するため，「あっち向いてホイ」などの簡単なレクや，1分間肩もみなどのリラクゼーションを行います。

本時では「あっち向いてホイ」をやり，負けた人が勝った人のよいところを3つ言うというエクササイズをしました。

代表で3ペアくらいに発表させます。「○○さんのいいところは，勉強ができるところと掃除をまじめにするところと困ったとき優しく声をかけてくれるところです」といったポジティブな言葉が飛び交い，教室が一気に温まります。

● 展開

まず春に転校してきた生徒を前に出して気持ちを尋ねます。その後，少女の切り絵を出して，「この少女はさらに不運なことに，転校して3～4日で交通事故に遭ってしまいます。友達をつくるまもなく1か月も学校を休んでいます。どんな気持ちかな？」と問うと「完全に乗り遅れた。学校に行きづらい」と返ってきました。

「では，何もすることのない自宅でのベッドの上で何をしているかな？」と聞くと「景色を眺める…」と声が出たので黒板に窓を見立てた大きな四角を描きました。「何が見える？」に「屋根」「空」「山」「鳥」…と続き，描き込んでいきます。そのとき，中央だけは描き込まずにおきます。

ここまで確認して，少女の心細く不安で，

旗

何もすることのない自宅でのベッドの上で何をしているかな?

景色を眺める…

```
屋根, 空, 山, 鳥
┌─────────────┐
│  レモン色の  │
│   画用紙    │
└─────────────┘
```

単調な毎日の部分を読みます。「レモン色の旗」のところまで来たら,黒板の絵の中央に,旗に見立てたレモン色の画用紙を貼り,続きを読みます。そしてクラスメイトの訪問。「その話を聞いたときの少女の気持ちは?」と問うと「忘れられていなかったととてもうれしい!」全員一致の返事でした。

しかし,その後の音沙汰のなさで不安がる少女。窓を見たら…生徒たちは「パッチワークの学級旗が上がってる!」と推理しました。「どこに少女の布があるかな?」と聞くと「真ん中!!」と全員が答えます。そこで教師が横暴な生徒の役となり,「何でだよ! 真ん中は俺だよ!」と圧力をかけます。しかし生徒たちは動じません。「だめだよ,お前のわがままは通らないよ。少女の布が真ん中がいいってみんな言ってる!」大喝采でした。

● 終末

教師がクラスメイトの役となり,「ねえねえ□□君,レモン色の旗を出してる家ってあなたの家だよね?」(□□君の役になった生徒が)「そう。でも…うちの父ちゃん怖いからな…」ほかの生徒が思わず言います。「そこを何とか…」「じゃあみんなで頼みに行くか!」「いいねえ!!」

自分のクラスのことのように盛り上がり,温かい雰囲気に教室が包まれました。そしてレモン色の旗の代わりに,真ん中に少女の布を貼り付けた学級旗を貼りました。

その後振り返りシートを記入させ,氏名を切り取って模造紙に貼り,紙上交流します。学級のはじめから行っているので,抵抗なしに本音を書き,共有し合っています。

(堀川)

▶ 内容項目：B−(9)相互理解，寛容

掲載教科書：東書／学図／教出／光村／日文／学研／あかつき／日科

言葉の向こうに
多くの人と付き合うときに
大事な考えは何だろう

ねらい
SNSのファンサイトでの加奈子のやりとりを通して，顔の見えない相手，知らない相手とコミュニケーションをとるときにどのような考えが大事かという道徳的判断力を養う。

教材のあらすじと活用ポイント

　主人公はあるサッカーチームの選手のファンで，ファンサイトでよく交流をしています。その選手が活躍した試合があり，共にファンサイトで喜び合おうとしたところ，選手を中傷する書き込みを目にし，反論を書き込んでしまいます。次第に自分の言葉がエスカレートしたとき，見えない相手の気持ちや考え方があることを忘れていたことに気づくというお話です。ネット上の見えない相手に対しても，不快な思いをさせないように自分の考えや意見を発信することが大事だということに気づくようにします。

「特別の教科　道徳」の授業づくりのポイント

　SNSでのコミュニケーションに慣れている生徒は，悪口を書かれたことに反応しないで無視することが，面倒なことに巻き込まれない秘訣であることを知っています。しかしながら，無視するということは，自分を守ることだけを考えている行為です。気に入らなければ無視すればいいということになると，相手のことを考え，理解して関係を築くということが困難になります。そこで，本授業では知らない相手でも不快にさせない関係のつくり方を考えます。理解できないから関わらないのではなく，はじめから不快にさせない言葉，互いに理解できる言葉を使うことが大事であるという考えを，対話しながら気づくことができる授業をつくります。

評価のポイント

　記入した振り返りシートを基に，相手が不快な思いをしないように考えて自分の意見を発信していくことの大切さを生徒が考えられる授業になっていたかを評価します。

本時の流れ

	○学習活動	●教師の手だて　◇評価　※留意点
導入	○SNSを使うときに，注意していることがあるか思い起こす。	●自分を守ることを考えていることに注目させる。
展開	○範読を聞く。 ○主人公の状況を理解する。 発問　なぜ，サイト上で悪口を書くのだろうか。 ○悪口を書く立場で考える。 ・相手がどのように反応するか興味があるから。 ・成功した人，有名になっている人への妬みがあるから。 ・ストレス発散。 ・全く知らない人なら少しくらい傷つけてもいいと思うから。 発問　自分が「加奈子」だったら，サイト上で反論するか。 ○「加奈子」の立場で考える。 ・反論しない。 ・無視する。 ・面倒だから適当に答えておく。 発問　「知らない人なら傷つけていい」それで「何か問題になっても無視する」では，世の中は変わらないが，本当にそれでいいのか。 ○自分の立場と相手の立場から考える。	●なぜ，そう考えたのか，考えの理由や根拠を問い返す。 ●他者の考えを聞いて，自分に問い返すことで，自分の考えが広がるように助言する。 ●自分が「加奈子」の立場だったらどうするかを考えるようにする。 ●自分から見た知らない人は，他の人から見て自分も知らない人になるという視点で考えるように助言する。
終末	発問　「自分の発想になかった」「参考になった」考えを基にして，今日学んだことを書こう。 ○振り返りシートに記入する。	◇「自分の発想になかった」「参考になった」ことを基にして，振り返りシートへの記入を促す。

準備物

・ICT 機器
・振り返りシート

> ・無視すればいいとか関わらなければいいと考えていたけど、それでは、どんどん関わらない人が増えてくるばかりだと思う。
> ・知らない人だから何を言ってもいいというものではない。
> ・知らない人でも気分を害することはあるということをわかっていないとダメなんだと思う。
> ・知らない人でも相手のことを考えてSNSで発信していかなくてはいけない。
> 一つの意見を発信するとそれをいいと思う人と悪いと思う人がいることを考えておく。

本時の実際

● 導入

　今どきの中学生は，ほとんどがスマートフォンを親に買い与えてもらっています。そして，アプリを自由に使いこなしています。また，SNSも活発に利用しています。買い与える親がその管理をし，使用状況をチェックしているというケースは少なく，使用するときの約束はあっても，利用の内容まで管理していない親の方が多いのが現状です。

　そのような中で，相手の顔が見えない人たちと関わるとき，どのようなことに気をつけて使用しているのかを尋ねます。自分がSNSでの被害に遭わないように気をつけることや，自分が他人から傷つけられないように防御することに気をつけていると答える生徒が多いです。自分の立場だけ考えていることに注目しておきます。

● 展開

　教材を読んで，「サイト上で悪口を書く人たち」「それに反応して書き込みをする加奈子」「注意の書き込みをする人」がいることを確認します。

　発問「この人たちはなぜ，悪口を書き込むのだろうか」と問います。

・相手がどのように反応するか興味があるから。
・成功した人，有名になっている人への妬みがあるから。
・ストレス発散。
・全く知らない人なら少しくらい傷つけてもいいと思うから。

　これらの意見から，相手を試す，自分の妬みなどの気持ちを晴らす，互いに知らない相手なら気分を害することをしても構わないと

言葉の向こうに

なぜ、サイト上で悪口を書くのだろうか。
・相手がどのように反応するか興味があるから。
・成功した人、有名になっている人への妬みがあるから。
・ストレス発散。
・全く知らない人なら少しくらい傷つけてもいいと思うから。

→ 知らない人なら悪口は許される。

自分が「加奈子」だったら、サイト上で反論するか。
・反論しない。
　いちいち反論していると終わりがなくなるから。
・無視する。
　相手も何を考えているのかわからないから。
　関わらないほうが自分のため。
・面倒だから適当に答えておく。
・面倒なことに巻き込まれるくらいなら自分が悪くなくても謝ってしまう。

→ 自分は傷つきたくない。

「知らない人なら傷つけていい」それで「何か問題になっても無視する」では、世の中は変わらないが、本当にそれでいいのか。
・相手が嫌な気持ちになるようなことは心に留めておくことをしなくてはいけない。
・たくさんの人が見ているサイトだから互いに不愉快になるような言葉は書いてはいけない。

いう考えがあることがわかります。
　発問「自分が『加奈子』だったら，サイト上で反論するか」と問います。
　この発問で生徒は「加奈子」になって考えます。「いちいち反応しないで，無視すればいい」自分が傷つかないようにすることを考えている意見が出ました。
　次に，「『知らない人なら傷つけていい』それで『何か問題になっても無視する』では，世の中は変わらないが，本当にそれでいいのか」では，
・相手が嫌な気持ちになるようなことは心に留めておくことをしなくてはいけない。
・たくさんの人が見ているサイトだから互いに不愉快になるような言葉は書いてはいけない。
といった意見が出ました。

● 終末

　授業の終末に，自分の中になかった考えや参考になった考えを発表します。
　「知らない人だから少しくらい傷つけてもいいという考え方はびっくりしました。でも，自分の中にもあると思います。誰の心にもあるからお互いに傷つけ合うことになるので，知らない人でも相手のことを考えてSNSで発信していかなくてはいけない」と生徒が発言しました。道徳ノートには，「自分の考えを書いたとき，それをいいと思う人，悪いと思う人の両方がいるということをわかって，お互いに意見を認めないといけないと思いました」「中傷コメントはサイトの管理者が消すけれど，消されるまではいかない悪口もある。誰が見ても不快にならないようにしていくべきだと思う」と書いていました。　（増田）

▶ 内容項目：C−(10)遵法精神，公徳心

掲載教科書：東書　学図　教出　光村　日文　学研　あかつき　日科

傘の下
よりよい社会の実現について考えよう

ねらい
自己中心的な主人公と寛容な心をもつ女性の行為を比較して考え，社会のルールを守ることは他者を大切にすることにつながることを理解し，公徳心をもって，よりよい社会の実現に努めようとする態度を養う。

教材のあらすじと活用ポイント

　病院に通院していた主人公は，ある日，突然の雨に「病院の置き忘れの傘だ」と勝手な解釈をし，他人の傘を拝借してしまいます。しかし，実際は病院に勤める女性の持ち物でした。主人公の目の前でその女性は雨に濡れながら駆けていきます。後日，事実を知った主人公は複雑な気持ちになりながら女性の後ろ姿を見送るという内容です。

　主人公である「僕」と雨の中を黙って駆けていった「女性」の行為を比較して考えさせることで，ねらいとする価値に迫っていくことがポイントです。自分さえよければそれでいいという自己中心的な考えを離れ，規則や秩序を大切にすることが，他者を大切にすることにつながることに気づかせたいと思います。

「特別の教科　道徳」の授業づくりのポイント

　子どもたちの問題意識を基にして，学習テーマを設定します。それによって「考えてみたい」という追求意欲をより一層高めることができます。本時では，導入で「社会のルール」についてのアンケートをとり，その結果からテーマを設定したところに大きなポイントがあります。それが終末でどう変容するか，教師も楽しみにしながら授業を進めました。

評価のポイント

　導入でのアンケート調査による生徒の意識と，授業中の意見の内容から変容を捉えます。終末にも同じ調査を行いますが，単なる数値上の変容ではなく，意識の変容が見られる授業となっていたかを評価します。ルールに対する意識がどのように変わったかを，それぞれに語らせる中で，よりよい社会の実現に努めていこうとする姿勢が表れることが望ましいと考えます。

本時の流れ

	○学習活動	●教師の手だて　◇評価　※留意点
導入	○社会のルールに対するアンケート調査を行う。	●黒板に数直線をつくる。
	発問　以下の4つのうち，自分の意識はどれに当てはまりますか。	
	・どんなときも必ず守ることが大事である。 ・守れないときもあるけど，できるだけ守りたい。 ・ちょっとくらいいいやという気持ちがある。 ・臨機応変に対応していくことの方が大事である。 ○本時のテーマを知る。	※数直線上のどこに自分の意識があるか考え，挙手をさせ，人数を把握する。 ※時間の都合上，その位置を選んだ理由まではあえて問わない。
	【テーマ】よりよい社会を実現するためにはどんな考えが必要か。	
展開	○教材を読んで話し合う。	●教材をすべて範読する。
	発問　なぜいけないとわかっていながら「僕」は他人の傘に手を出してしまったのでしょう。	
	・誰かが置き忘れた傘だろうと勝手に解釈したから。 ・他にも傘はあるし，誰も困る人はいないだろうという甘えがあったから。 ・テストが近いし，濡れたくない，風邪などを引きたくないという自分勝手な考えがあったから。	※主人公である「僕」の心の中にある弱さ，醜さに共感させながらも，「そんな『僕』をどう思うか」「罪悪感はないか」など，必要に応じて補助発問をすることで，考えを深めていく。
	発問　傘の下で守られた「僕」と，何も言わずに濡れながら雨の中を駆けていった女性を比較して，どのように考えますか。	
	・「僕」は自分のことだけを考えて，勝手な行動をしたけど，それによって女性をあんな目に遭わせてしまった。	●自己中心的な考えが他人の迷惑，他を不快にさせることにつながることを押さえる。
終末	○アンケート調査を再び行う。	※項目は導入のときと同じにする。
	発問　以下の4つのうち，自分の意識はどれに当てはまりますか。	
	○振り返りシートに記入する。	※変容が見られた生徒を指名し，なぜ変わったかを発表させる。 ●本時の授業を通して，テーマに対してどう考えたかを中心にまとめさせる。

準備物

・ワークシート

本時の実際

💭 導入

「社会のルールに対する意識調査」と題し，アンケートをとってみました。33人の学級でしたが，結果は以下の通りでした。
・どんなときも必ず守ることが大事である。（2人）
・守れないときもあるけど，できるだけ守りたい。（11人）
・ちょっとくらいいいやという気持ちがある。（16人）
・臨機応変に対応していくことの方が大事である。（4人）

「社会のルールを守ることがよりよい社会の実現につながる」という意識がやや薄いと感じ，その意味やよさを改めて考えていくことにしました。

💭 展開

1つめの発問は，主人公である「僕」の心の弱さに共感させるものです。先のアンケートでも，この主人公と同様に「これくらいならいいだろう」「見つからなければいいや」という気持ちがあることがわかりました。しかし，だからこそ，この主人公に自分を重ねながら，その人物に託して自己を語らせます。「そのときどんな気持ちだった？」「なぜ忘れられない？」などと，丁寧に問いを重ねることで，より深く考えさせました。

生徒たちは「自分の心に甘えがあった」「自分勝手な言い訳をつくってしまった」など，弱さを見つめながらも，「そんな自分はダメだと思う」「情けないし，恥ずかしい」と，よりよく生きたいと思う気持ちを表しました。

傘の下

テーマ　よりよい社会を実現するためにはどんな考えが必要か。

	授業前	授業後
必ず守る	2	5
できるだけ	11	20
ちょっとくらい	16	8
臨機応変に	4	0

○なぜいけないとわかっていながら「僕」は他人の傘に手を出してしまったのだろう。
・誰かが置き忘れた傘だろう　→　勝手な解釈
・誰も困る人はいないだろう　→　甘え
・濡れたくない、風邪を引きたくない　→　自分勝手

○傘の下で守られた「僕」と、何も言わずに濡れながら雨の中を駆けていった女性を比較して、どのように考えますか。
・僕＝自分のことだけを考える
・女性＝雨に濡れて駆けていく　←

　２つめの発問は，ちょっと難しいかと思ったので，近くの席の人と相談する時間を設けてから意見を出させました。「傘の下」という題名がずっと気になっていた生徒が次のように言いました。
　「傘の下に自分だけ入ろうとすると，そこに入れない人が雨に濡れてしまう。つまり誰か一人だけがいい思いをしようとすると，その周りの人が嫌な思いをしたり，被害を受けたりする。だからみんなが傘に入れるようにすることが大切なんじゃないかと思います」
　これを聞いた別の生徒が，テーマに関連させて次のように述べました。
　「よりよい社会っていうのは，みんなが傘の下で守られている状態のことで，傘というのが社会ではルールのことだと思います」

終末
　導入と同じ内容でアンケートをとってみました。結果は以下の通りでした。
・どんなときも必ず守ることが大事である。（5人）
・守れないときもあるけど，できるだけ守りたい。（20人）
・ちょっとくらいいいやという気持ちがある。（8人）
・臨機応変に対応していくことの方が大事である。（0人）

　「ちょっとくらい…」から，「どんなときも」に変わった生徒にその理由を尋ねてみました。「自分だけ傘を持っていってしまうと，相手だけでなく自分も嫌な気持ちになる」と述べました。その気持ちが今後，社会のために生かされることを願っています。　　（鈴木）

▶ 内容項目：C −(10)遵法精神，公徳心

仏の銀蔵
きまりを守るのは何のため？

掲載教科書

ねらい
証文なしでも借金を返済するようになった村人の良心に触れたことにより，自らの良心に気づいて変化する銀蔵の姿を通して，法やきまりの意義を理解し，良心に従って生きようとする道徳的実践意欲を高める。

教材のあらすじと活用ポイント

　高利貸しとして厳しい取り立てをしていた銀蔵が，証文つづりを紛失し金の取り立てができなくなります。銀蔵が苦しい生活をするようになると，人々は自分から借金を返し始めます。「お天道様が見てござる」との答えに膝をたたいた銀蔵は，生き方を変えるのでした。
　銀蔵が法やきまりにしたがえばそれでよいという考えから，「お天道様」に象徴される，良心の存在に気づき，それにしたがって生きようとする生き方に共感することを通して，生徒たちの実践意欲を高めようという指導計画です。

「特別の教科　道徳」の授業づくりのポイント

　本教材には，「良心にしたがい，行動を変えた村人」と「良心に気づき，生き方を変えた銀蔵」の二者の変化が描かれています。その行動を変えた「動機」に注目して，正しさやよさを志向する態度を育てたいと考えています。『私たちの道徳』に掲載されている「什の掟」について導入で考えることで，法的に強制力のない義務を果たすことが理性的な人間としての生き方につながることを考えさせるようにしました。借金を正直に払うという村人の行為が一時的には損をするように見えても，それが幸せな生き方につながることにも気づかせ，「私」を大切にする心と「公」を大切にする心の関係についても考えを深めさせたいものです。

評価のポイント

　ルールを守っていればそれでいいといった考え方から，法を守るには自尊心と相手の心情を想像できる思いやりの心が大切であることにまで，考えの深まりが見られる授業となっていたかを評価します。授業の様子や生徒の考えを学級通信にまとめて伝えることができます。

本時の流れ

	○学習活動	●教師の手だて　◇評価　※留意点
導入	○会津藩の「什の掟」を読む。 「ならぬものは，ならぬものです」	●「私たちの道徳」を活用し，プレゼンテーションソフトで「什の掟」のうち，現代でも通用する部分を表示する。
	発問　法で決まっているわけでもないのに，なぜならぬものはならぬと言っているのか。	
	○友達と話し合って考えを交流し，多様な見方や考え方に気づく。	※人間の行動を決定しているのは法ばかりではないことに意識を向けさせる。
展開	○教材文を読む。	
	発問　証文はないのに，借金を返した村人。何が村人にそうさせたのだろうか。	
	○自分の考えをワークシートに書く。 ○書き終わった者から自由に立ち歩き，他の友人と考えを交流する。	●貧乏なのに，なぜ「しめしめ」とならなかったのだろうか，といった補助発問をする。 ●自由な立ち歩きによる意見交流によって，より多様な見方や考え方に触れることができるようにする。
	発問　「お天道様」とは何なのだろう。	
	○ワークシートには書かずに，近くの友達と話し合う。	●数名指名して発表させることで多様な考えに触れることができるようにする。
	発問　「そうか，お天道様か」と言った銀蔵は，何がわかったのだろう？	
	○ワークシートに自分の考えを書く。 ○4人班で話し合う。 ○全体で意見を交流する。	○固定化された少人数の班員で話し合うことで，違った視点から話し合うことができるようにする。
終末	発問　人間の行動を左右するのは法なのか？　今日の学びを通して考えたことは何か。	
	○振り返りシートに記入する。	◇銀蔵や村人の判断を手がかりにして，良心にしたがって生きようとすることのよさについて根拠をもって考え，話し合おうとする姿が見られたか。

準備物

・PC
・ホワイトボード，もしくはスクリーン，モニター
・振り返りシート

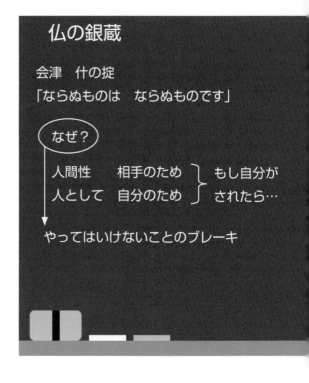

本時の実際

● 導入

「什の掟」の中でも，現代に通用する部分を抜粋して紹介しました。授業で活用する資料や場面絵，視覚的資料はプレゼンテーションソフトを活用してモニターやホワイトボードで示すことが多いです。デジタルで資料を蓄積でき，教室にPC一台を持参すればよい手軽さも魅力です。

「法で決まっているわけでもないのに，なぜならぬものはならぬのか」という本時のテーマを確認しました。

導入の段階で「人間性を育てるため」「人として当たり前のことだから」「やってはいけないことのブレーキになるのは法だけではない」といった，本時のテーマに迫るような発言がありました。

● 展開

ここでは農民の「気持ち」を問うのではなく，借金を返すという「行為を支えた思い」について考え，話し合わせたかったので「今まで借金を返さなかった農民が借金を返したのは，どんな思いに支えられてのことだったのか」という問いにしました。気持ちばかりではなく，判断や行為の「動機」について考えるような問いも設定するとよいでしょう。

「お天道様」が直接的には太陽を示すことがわからない生徒も多いようでしたので，みんなで確認してから授業を展開しました。

ワークシートに「書く」ということに時間をかけすぎると，話し合いの時間が十分に確保できないこともあります。しかし，中心発問に対する自分の考えはしっかりと記述し，ここでは，自由な立ち歩きによる意見交流の

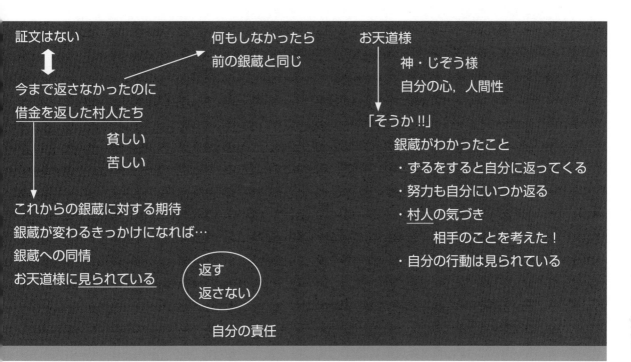

場を設定し，多様な考えに触れることができるようにしました。生活班や席の近い友人と話し合う場面と，立ち歩きによる意見交流の場面と，状況や学級の実態によって話し合いの形態も柔軟に組み合わせたいものです。

意見の全体交流では「何もしなかったら，自分も前の銀蔵と同じになってしまう」「人間性がそうさせた」といった意見が出ました。「借金を返すことで，銀蔵が変わるきっかけになればいいと思った」「これからの銀蔵に対する期待が込められていた行動だった」といった発言は授業者の予想を超えるものであったため「それは先生も考えつかなかったよ」とコメントを返しました。

「お天道様」とは何を指すのか，という問いには「神」「自分の心」「人間性」といった意見が出ました。

終末

「そうか！ お天道様か」と言った銀蔵は何がわかったのか，について各自で考えをまとめ，意見を発表しました。

「楽あれば苦あり」「ずるをすると自分に返ってくる」「努力も自分にいつか返る」「そもそも，銀蔵も農民も，相手の立場や気持ちを考えた言動をしていたのか」といった意見が出ました。

「因果応報」のような展開になってしまいましたが「人間の行動を左右するものは法か」という最終の問いに対してワークシートに記述した生徒の意見からは「良心に恥じない行動がしたい」「人間性を磨きたい」といった意見がつづられていました。学期全体の自己評価で「仏の銀蔵」が心に残った，と書いている生徒も複数いました。　　　　　（星）

▶内容項目：C－(11)公正，公平，社会正義

魚の涙
誰もが幸せな社会をつくる

掲載教科書

ねらい
集団の中で人をいじめ，無視することの卑劣さについて考え，周囲の誰に対しても公正・公平に接していこうとする心の強さにつながる道徳的態度を育てる。

教材のあらすじと活用ポイント

　メジナという魚は，海の中では仲良く群れて泳いでいます。ところが，狭い水槽に入れると1匹を仲間外れにして攻撃し始めます。攻撃されている1匹を別の水槽に入れると，残ったメジナは他の1匹を攻撃します。助け出しても，また次に攻撃される1匹が出ます。

　学校，学年，クラスという小さな世界の中で生活する生徒たち。最初は軽いふざけで始めた言動が次第にいじめへとつながってはいないでしょうか？　人生一度の中学校生活。その中で苦労を乗り越え，本物の仲間をつくり，未来へつながる楽しい思い出をつくるために，ちょっと普段の生活を振り返ってみましょう。

「特別の教科　道徳」の授業づくりのポイント

　本教材には，最初にメジナの世界が描かれています。生徒たちは自分たちとは違う世界の話だと思うかもしれません。しかし，自分たちの日頃の生活を振り返ってみたとき，思い当たることがあるかもしれません。「いじめはいけないもの」という表面的な言葉で終わらせず，いじめ，悩み，知らんぷりを乗り越えて，本当に楽しい思い出がつくれるような集団にするために，役割演技を行ってどのような意識が必要かを考えることができます。

評価のポイント

　記入した振り返りシートを基に，決して不正を許さない態度の大切さに気づくことができる授業だったかを評価します。また，つらいときに心和ませるものがあるかをその後の指導に生かします。その後の生活でも，個々の生徒の言葉が行動につながるような働きかけが望ましいと思います。

本時の流れ

	○学習活動	●教師の手だて ◇評価 ※留意点
導入	○生活する中でからかいやいじめにどう対応するかを考える。	●からかいやいじめに対して，第三者的な立場で考えるようにする。
	発問　学級や学年，校内でからかわれたり，いじめられたりしている人がいたらどうする？	
展開	○教材を読む。 ○5名の生徒が役割演技をする。続いて，4名の生徒が役割演技をする。	●まず，4名が1名を仲間外れにする演技をさせる。次に，いじめられ役だった1名を席に戻し，いじめ役の4名のうち3名が1名を仲間外れにする演技をさせる。
	発問　君ならこんな場面を見たらどうする？（5名の演技の際はそのままにし，4名の演技の後で聞く）	
	○メジナの気持ちを考える。	※考えが出れば板書し，もし，誰も手を挙げなかったら「こうやってからかいがいじめにつながっていくのでは？」と問いかける。傍観者の意識改革につなげる。
	発問　いじめられたメジナは別の水槽に入れられて，どんな気持ちだっただろう？	
	○隣の人とペアで考えを述べ合う。	●いくつかのペアに考えを発表させる。
終末	発問　さかなクンはいじめを止めていないけど，その子はほっとした表情になったのはなぜだろう？　いじめに対するあなたの考えと合わせて考えよう。	
	○振り返りシートに記入する。	◇指導者の考えを挟まず，シートに記入させ，いじめを許さない態度の大切さに気づいたかを評価する。 ※つらいときに心和ませるものがあるか，ないかをその後の指導に生かせる。

準備物

・振り返りシート

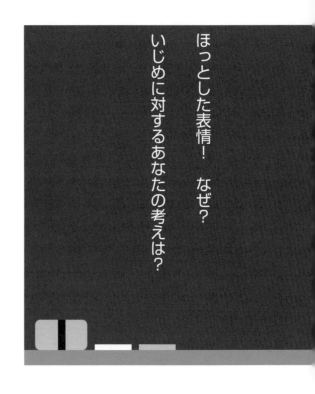

本時の実際

🎯 導入

生徒たちは小学校でも「いじめはいけないこと」という指導を受けています。でも，中学生になっても教師が見ていないところで，ある生徒をからかったり，無視したりすることがあります。

からかいやふざけなどの軽い気持ちから始まったものが，次第にいじめへと発展。いじめの問題は当事者だけでなく，周囲で見ている者（傍観者）も他人事ではなく，自分たちの学級の問題であると捉え，ダメなものはダメと言える勇気をもつ必要があります。

いじめやからかいへの対応の仕方を確認した上で，もし，ダメと言う勇気がなくても別のやり方があることに気づける授業にします。

🎯 展開

教材を読み，メジナになったつもりで5名の生徒に役割演技をさせました。5名のうち1名を残りの4名が仲間外れにします。演技の前に5人を廊下に呼び，1名の生徒が話をしている4名に近づき，「仲間に入れてよ」などと何度か声をかけ，4名はそれを無視したり，「来るなよ」と文句を言ったり，からかったりするように指示しました。

次に仲間外れにされた1名は席に戻し，残った4名のうち，1名を他の3名が先ほどと同様に仲間外れにしたり，からかったりする演技をさせました。

演技中はそれほど深刻な雰囲気はなく，笑いが出るなど明るい雰囲気。演技後の発問に対しては「いじめたり，からかったりしないように止める」「無視はしないけど，何か事

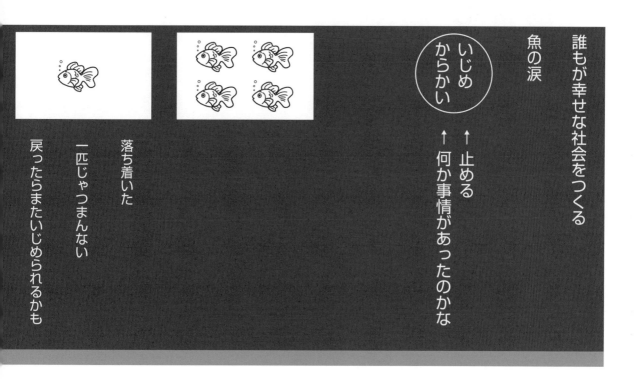

情があったかもしれないのですぐに口出ししない」などの考えが出ました。

次に，いじめられた1匹のメジナは別の水槽に入ったときどう思ったかを隣同士のペアで話し合わせました。

その後，出た考えをいくつかのペアに発表させました。「1匹になって落ち着いた」という考えが出る一方で，役割演技でいじめられ役の生徒が「でも，落ち着いたら1匹でいることがつまらなくなるんじゃない？」という考えを述べました。

また「どうせ元の水槽に戻ってもまたいじめられるよ」という考えも出ました。

● **終末**

ここまでの流れから最後の発問をして振り返りシートに考えを書かせました。

人は集団生活する中で嫌なことやつらいことを経験します。でも，集団だからこそ味わえる感動もあります。今，それらを味わうから，進級・進学して次のステージでどうすればいいかを考えて行動するようになります。ときには一人でいることも大事。でも，自分の近くにたとえ一人でも気の許せる友達がいたら，どんなに楽でしょう。

いじめやからかいをする人たちを注意してすぐに解決するなら簡単ですが，そうできないとしても他のやり方があることに気づくことも大事なことではないでしょうか。

(林)

▶ 内容項目：C−(11)公正，公平，社会正義

掲載教科書：東書／学図／教出／光村／日文／学研／あかつき／日科

席替え
公正，公平なクラスを目指して

ねらい
正義を重んじ，公正，公平な社会の実現を目指そうとする意欲を育てる。

教材のあらすじと活用ポイント

　席替えをする際に，席はくじ引きで決め，特別の事情がない限りは，くじ引き後，自分たちで勝手に席をかわることは認められない，というクラスの決まりがあります。ところが，多くの人が仲のよい友達と並びたいため，勝手に席をかえています。クラスの副委員長である「私」は，このことに憤慨し，今一度，決まりの徹底をクラスに呼びかけるという内容です。

　活用のポイントは，生徒が自分との関わりで考えられるようにすることです。そのためには，自分勝手に席をかえてしまう生徒に自我関与しながらその理由を問う，また，補助発問として自分がこのクラスの委員長だったら，どんなクラスにしたいかなどと問うことも考えられます。

「特別の教科　道徳」の授業づくりのポイント

　「特別の教科　道徳」の授業で，主体的な学びを実現していくためには，生徒の問題意識をいかに引き出すかが重要になります。そのために，導入では教材の中心場面を用いて，問題場面を提示し「みんなが納得するためにどうしたらよいか？」という学習テーマを投げかけ，生徒にとってわかりやすい授業の入口をつくることが大切です。また，入口と関連させ，教材での話し合いから学んだことを基に，「みんなが納得できるクラスとはどんなクラスか？」を問う授業の出口をつくることによって，テーマからぶれない授業づくりが可能となります。

評価のポイント

　話し合いでの発言やワークシートの記述から，正義について多面的・多角的に考えを深めていたか，公正，公平について，人間理解も含めて自分との関わりで考えを深めていたかという視点から評価します。

本時の流れ

	○学習活動	●教師の手だて　◇評価　※留意点
導入	○問題場面について考える。	●席替えのとき，好きに決めるかくじで決めるかもめている場面を提示する。 ※教材の場面絵を活用する。
	発問　みんなが納得するためにはどうしたらよいか？	
展開	○教材を読んで話し合う。	●くじで決める立場と都合がよければかえてよい立場の主張を整理する。
	発問　都合がよければ決まりにこだわらなくてもいいとの主張をどう思うか？	
	○賛成，反対の立場で意見交流をする。	●好きな友達と座りたいとする本音に自我関与しながらも，クラス全員が納得できるかどうかを問いかけながら考えるよう促す。
	発問　私が席替えを再度提案したのはどんな考えからか？	
	○意見交流をする。	●クラス全員にとって，席替えが公正，公平かどうかという点に着目させる。
終末	○問題場面について再度考える。	●導入時の場面を再度提示する。
	発問　みんなが納得できるクラスとはどんなクラスか？	
	○ワークシートに記述し，発表し合う。	◇公正，公平の意義を見取る。

準備物

- 席替えの際の問題場面絵
  （教材の場面絵を活用）
- ワークシート

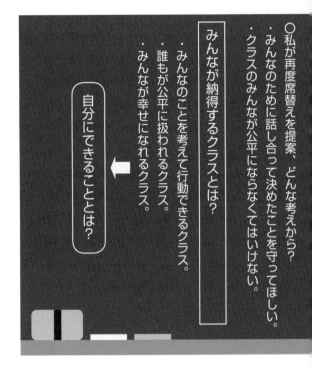

本時の実際

💭 導入

問題場面絵を提示し、「席替えのとき、仲のよい人同士で好きに決めたいと主張する人たちと、公平にくじで決めたいと主張する人たちとでもめています。みんなが納得するためにはどうしたらよいでしょう？」と投げかけました。

「好きに決めたいけど、みんなの希望通りにうまくいくかなあ？」「無理、無理。できっこない！　我慢しなければならない人が必ずいる」「でも、それって仕方ないんじゃないの？」との声が上がりました。

💭 展開

教材を範読した後に、席替えについて、くじ引きで決めた後は黒板が見えない等の事情がある場合以外は勝手に席をかわることは認めない立場、自分たちの都合で話し合って席をかわってもよい立場の主張を整理し、確認をしました。

前者は、勝手にかわると不愉快な思いをする人が出る、好きな人だけでなくいろいろな人と理解し合い、仲よくするため、後者は、かなりの人が仲のよい人同士で座りたがっている、みんなが都合がよければいい、というように整理しました。

そして、後者の主張「都合がよければ決まりにこだわらなくてもいい」についてどう思うかを問いました。

賛成の立場では、「みんな、心の中では好

席替え

くじで決める VS 好きに決める

教材場面絵
私が席替えをやり直したいと提案したとき，困惑するクラスの場面

みんなが納得するためには，どうしたらよいか？

【くじで決める】
・勝手にかえることは認められない。
・不愉快な思いをする人が出る。
・いろいろな人と理解し合い，仲よくする。

【都合でかえてよい】
・かなりの人が仲のよい人と座りたがっている。
・みんなが都合がよければ決まりにこだわらなくてもいい。

○都合がよければ決まりにこだわらなくてもいい，どう思うか？

【賛成】
・みんな心の中では好きな人と座りたい。
・クラス全員が納得するのは無理。
・不愉快な人が少しいても仕方がない。

【反対】
・クラスに一人でも嫌な思いの人がいるのはおかしい。
・自分勝手なやり方はずるい。
・一部の人だけ好きな人と座るのは不公平だ。

きな人と座りたいと思っている」「文句があれば学級活動や帰りの会で言えばいい」「クラス全員が納得するのはそもそも無理」などの意見が見られました。

反対の立場では，「クラスで一人でも嫌な思いをする人がいるのはおかしい」「自分勝手なやり方で席をかわる人はずるい」などの意見が見られました。

そこで，「私が再度席替えを提案したのはどんな考えからか？」と問うと，「みんなのために決めたことをちゃんと守ってほしい」「一部の人だけでなくみんなが公平にならなくてはいけない」などの意見が見られました。

● 終末

導入時での場面に再度着目するようにし，「みんなが納得できるクラスとはどんなクラスか？」と問い，ワークシートに書くよう促しました。その後の発表では，「自分のことだけではなく，みんなのことを考えて行動できるクラス」「誰もが公平に扱われるクラス」「みんなが幸せになれるクラス」などの内容が紹介されました。最後にそのようなクラスにしていくために，今の自分にできることとは何だろうと呼びかけました。

（和井内）

▶ 内容項目：C−(11)公正，公平，社会正義

ヨシト
偏見や差別を許さず，
公正・公平に正義感をもって生きる

掲載教科書：東書／学図／教出／光村／日文／学研／あかつき／日科

ねらい
偏見や差別感からくるピアプレッシャーに負けず，真実を見つめる決意と正義感をもって自他を尊重しようとする道徳的心情を育てる。

教材のあらすじと活用ポイント

　主人公アツシと小学校来の友達ヨシト。ヨシトはあまりしゃべらず，空気が読めないということでクラスから浮いています。ヨシトへの偏見が高まる中，アツシもヨシトと仲がよいところを見られたくないという気持ちになります。ある日ヨシトのことが書かれた紙切れが，授業中に回ってきます。そして放課後の出来事で，アツシは正義感を取り戻しました。

　友達のヨシトのことを，周りからのプレッシャーで疎ましく思い始めたアツシ。そんな自分を許せない正義感との葛藤を体験させることを通して，ピアプレッシャーをはねのけて正義を貫く姿勢を育てます。

　身近に起こりそうな出来事であり，「ヨシト」のような生徒がクラスにいるかもしれません。そんな場合はこの教材文は使用せず，直接の生徒指導・学級指導を行ってください。

「特別の教科　道徳」の授業づくりのポイント

　本教材はちょっと変わった人に対して偏見をもつ周囲と，それに流されてしまいそうな主人公の心の流れと葛藤が描かれています。そして最後には公正・公平な気持ちと正義感が湧き上がるという，主人公の心の流れと葛藤をなぞることができれば成功といえる内容です。

　教材文は与えず再現構成法を使います。それにより，主人公アツシの気持ちになりきりながら，ストーリーを読むことができます。教材を分割提示することでも可能です。

評価のポイント

　授業中の発言や表情，態度で主人公の気持ちになっていたかを見取ります。また，記入した振り返りシートを基に，公正，公平，正義感を育む授業となっていたかを評価します。

本時の流れ

	○学習活動	●教師の手だて ◇評価 ※留意点
導入	○幼なじみとはどういう存在か考える。	●隣同士で話し合わせてから発言させる。
	発問　幼なじみってどんな存在だと思いますか？	
		※5人程度指名。
展開	○登場人物の関係を確認する。 ○ヨシトの人物像を読む。	●4人の切り絵を用意する。 ●フラッシュカードを使ってストーリーを整理しながら読み進める。
	発問　ヨシトってどんな子だと思いますか？	
	○ヨシトのクラスでの立場を理解する。 ○ヨシトと仲がいいアツシの葛藤を理解する。	●小学校の頃からの周りの捉えの変化を対比させて押さえる。
	発問　どうしてアツシはヨシトに本当のことを言わなかったのでしょう？	
	○回って来た紙を読んだときのアツシの気持ちを考える。	●どんな内容だったか考えさせ、具体的にイメージさせる。
	発問　紙を握りしめたアツシはどんな気持ちだったのでしょう？	
	○最後の場面でのアツシの気持ちを考える。	●2人の女の子がなぜ笑ったかを押さえる。
	発問　「熱い塊」とは何でしょう？	
	○アツシの決心を確認する。	●しっかりと顔を上げたという表現に注目するようにする。
	発問　「しっかりと顔を上げた」ときのアツシは何を思っていたのでしょう？	
終末	○振り返り用紙に感想を書く。	●音楽を小さく流し、落ち着いた環境をつくる。
	発問　アツシの気持ちの変化から感じたことを自由に書きましょう。	
	○振り返りシートに記入する。	◇指導者の考えを挟まず、振り返りシートへの記入を促す。

準備物

- 登場人物の切り絵(表情のある絵よりも,シルエットだけの切り絵がよい。いろいろな表情を感じることができる)
- フラッシュカード(ストーリーを一目で振り返ることができるようにするため)
- 振り返りシート

熱い塊

紙が回ってきた。
紙を握りしめた。
その自転車古いし小さい。新しい自転車買ってもらえよ。

本時の実際

🔸 導入

座席を工夫して同性同士の2人組をつくります。よりスムーズに話し合いができるようにするためです。学年が上がれば異性同士でも大丈夫になっていきます。

「道徳の授業は心の勉強,机の上には何もいりません」と言って授業を始めます。この2人組で学習していくことを確認するため,「あっち向いてホイ」などの簡単なレクや,1分間肩もみなどのリラクゼーションを行います。

本時では1分間肩もみをしました。何回もやっているのでお手のものです。「さあみんな窓側向いて〜」次は「廊下側向いて〜」と1分間ずつ。こんなときは同性同士が断然やりやすいです。会話をしながらするように促します。

🔸 展開

「今日はこの2人の話です」と言って2枚の切り絵を貼ります。ヨシトはほのぼのとした黄色,アツシは憂鬱感を表した青色で,途中から出てくるタカフミはちょっと毒をもった濃い紫です。

まず2人の関係を確認します。「ヨシトとアツシは幼なじみです。幼なじみってどういう関係?」と問いかけ,隣同士で話し合わせ,ランダムに指名します。

「小さい頃からの友達」「親も知ってる間柄」などが出ました。

次に「ヨシトは中1の教室で浮いている存在と言われているけど,浮いているってどんな人?」と問いかけ,隣同士で話し合わせます。隣同士で話し合わせるのには,全体の前で発表する抵抗を和らげる効果があります。

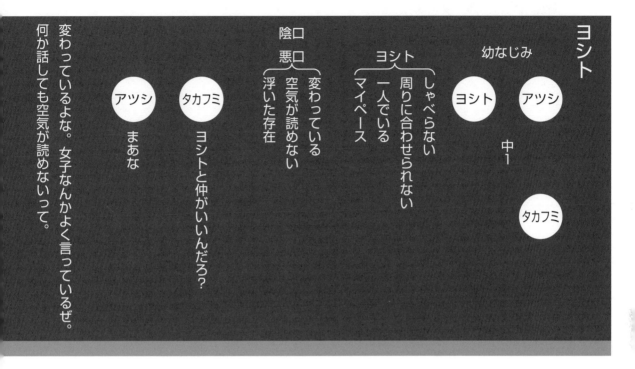

　このようにヨシトの人物像，置かれた立場を確認しながらストーリーを読み進めます。

　「紙が回ってきたとき，アツシはどうしたかったと思う？」「実際はどうしたと思う？」という問いかけでアツシの葛藤を感じさせます。

　そして自転車の場面を読みます。「アツシはなぜ『新しい自転車買ってもらえよ』と言ったのかな？」と問うと，「ヨシトがこれ以上馬鹿にされないようにと思って」という意見が出て，みんな賛成しました。ヨシトの答えを聞いて，「ウッと来た」「尊敬した」などの声が聞かれました。そして，「熱い塊」「しっかりと顔を上げた」について考えさせ，「女の子たちへの怒り」「偏見への怒り」「立ち向かう決意」を読み取らせました。

● 終末

　終末にタカフミとの会話のシーンをロールプレイでやり直させました。「ヨシトと仲いいんだろ？」には「そうだよ。だから？」「何が言いたいの？」と，怒りのこもった返答を全員がしていました。

　また，「女子なんかよく言ってるぜ…」には「何にも知らないくせに！」「お前よりずっとヨシトは優しくて大人なんだ！」「お前よりずっと人格が上だよ！」という決意と怒りの発言をしていました。よくできている2～3ペアに全体発表をさせ，正義感を共有しました。

　その後，振り返りシートに記入させ，氏名を切り取って模造紙に貼り，紙上交流します。学級のはじめから行っているので，抵抗なしに本音を書き，共有し合いました。　　（堀川）

▶ 内容項目：C−(12)社会参画，公共の精神

掲載教科書：東書／学図／教出／光村／日文／学研／あかつき／日科

町内会デビュー
地域の行事に参加するのは何のため？

ねらい
主人公の変化を通して，どのように社会に参画し，どのように連帯すべきかについて，多面的・多角的に話し合うことを通して，自分も社会の一員であるという自覚を深め，よりよい社会を協力して築こうとする道徳的意欲を育てる。

教材のあらすじと活用ポイント

　町内会の草刈り作業に家庭の代表として参加してほしいと母親から頼まれ仕方なく参加した明。町内会のお年寄りに歓迎され，作業をしていくうちに，自ら進んで作業をするようになります。作業の翌日から自ら進んで町の人々と関わろうと変化した明でした。

　従前，この教材は「自主・自律」の内容項目で扱われることが多かったようですが，新学習指導要領解説に述べられている「現代的な課題の扱い」のうちの「社会参画に関する教育」について考えることのできる教材として扱ってみます。

「特別の教科　道徳」の授業づくりのポイント

　道徳科では「地域の人々の積極的な参加や協力」が求められていますが，地域の方と協力して授業を進める計画を立案しやすい内容項目です。この教材の場合，地域公民館長さんや町内会長さんなどをゲストにお迎えするとよいでしょう。「問いに対する生徒の意見の発表」→「問いに対するゲストの考えと，生徒の意見を聴いた感想を語っていただく」→「ゲストの話を聞いて感じたことを生徒同士交流」という流れにし，ゲストに質問したりゲストと意見を交流したりする時間を確保しました。それによって生徒の考えとゲストの考えの間に「ギャップ」が生まれ，生徒にとってさらに一段深い考えに気づくことができるようにしました。

評価のポイント

　ゲストティーチャーや友人の意見を参考にし，よりよい社会を実現するために，自分には何ができるかについて，多面的・多角的に話し合うことができる授業となっていたか，日常生活に生かそうという意欲を高められる授業となっていたか，記述や観察を通して評価します。

本時の流れ

	○学習活動	●教師の手だて　◇評価　※留意点
導入	○「地域行事を欠席した場合の罰金制度の是非」について，アンケート結果を基に話し合う。	●地域行事（祭，奉仕作業）に欠席すると罰金を取るというニュースについて事前にアンケートを実施する。
	【今日のテーマ】地域の行事に参加するのは何のため？	
展開	○教材を読む。	
	発問　せっかくの休日なのに，どうして町内の人は草を刈りに集まるのか。	
	○意見を交流する。	●明の町内会では，欠席だから罰が与えられるのでもないのになぜか，といった補助発問をする。
	発問　「若い人がいるとこっちまで元気になれる」というお年寄りたちの言葉には，どんな思いが込められているのだろう。	
	○ワークシートに自分の意見を書いてから，生徒同士意見を交流する。	●数名指名して発表させる。 ●問いに対するゲストの考え，生徒の意見を聞いて感じたことを聞く。
	○ゲストの話を聞いて考えたことを意見交流する。	●数名指名して発表させる。
	発問　明が，作業後に，吉田さんに近寄って自分から声をかけたのはなぜだろう。何が明の行動を変えさせたのか。	
	○ワークシートに自分の意見を書いてから，生徒同士意見を交流する。	●数名指名して発表させる。 ●問いに対するゲストの考え，生徒の意見を聞いて感じたことを聞く。
	○ゲストの話を聞いて考えたことを意見交流する。	●数名指名して発表させる。
終末	○ゲストから見た，地域の課題について話を聞く。	
	発問　地域の行事に参加するのは何のため？	
	○ゲストの話を聞いて考えたことを意見交流する。 ○振り返りシートに記入する。	◇主人公の生き方を通して，ゲストや友人の話を参考に，社会参画の意義について自分なりの考えを深め，社会参画への意欲を膨らませることができたか。

準備物

- ゲストティーチャーの派遣申請など
- 「地域行事を欠席したら罰金」という地区のニュースやそれについてのアンケート用紙
- アンケート結果の集計
- 振り返りシート

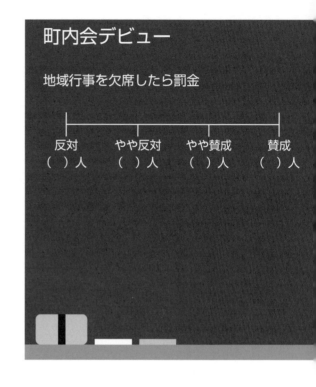

本時の実際

● 導入

「地域行事を欠席したら罰金」という報道を紹介し、罰金制について「賛成」「どちらかというと賛成」「どちらかというと反対」「反対」という4つの立場を選択し、そう考える理由について事前アンケートを実施します。ここで罰金額を示すと生徒の意識は金額にばかり向いてしまうので金額は伏せた方がよいでしょう。アンケートを活用することで「地域行事に参加するのは何のため？」という本時のテーマへの問題意識を高めることができます。

ゲストティーチャー（以下，GT）には地域活動に積極的に取り組んでおられる地域の方をお招きします。GTとは，本時のねらいや授業での発問，生徒に語ってほしい内容について数回打ち合わせをしておきます。

● 展開

本時では実践意欲を高めることがねらいなので，気持ち，といった心情ではなく，判断や行動の「動機」について生徒が考え，話し合えるような展開としました。

罰があるわけでもないのに休日に集まる町内会の人々。その動機に注目させることで，義務感だけではない「地域をよくしたい」「地域行事に参加するのは結局のところ，自分たちのためになる」という社会参画の意義に注目させることができます。

「若い人がいるとこっちまで元気になれる」という言葉に込められた地域の人の思いについて考え，またGTからのリアルな思いを聞くことによって，自分も地域社会の一員として認められていること，地域の人々から温かく見守られているという自信と誇りが生まれ，

```
            テーマ：地域の行事に参加するのは、何のため？
                              ↑
 せっかくの休日              │    今まで頭を下げるだけ→自分から声をかけた
 ⇔なぜ草刈に集まる？         │    明の行動を変えたものは？
   ・義務感                  │      ・地域の人との絆を感じた
   ・周囲の目が気になる      │      ・自分の力を発揮できた
   ・自分のためになる        │      ・自分は町内の人に受け入れられた
                             │            感謝された
 「若い人がいると元気になれる」│    ・今までは地域を知らなかった
          ↑                  │         →不安から安心へ
   ・若い人のパワー          │
   ・若者の元気              │
   ・お年寄りのさびしさの裏返し  （絆、自分のため、お互いを知ることによる安心感）
   ・無条件にうれしい
```

進んで地域社会と関わって，地域の人の思いに応えたいという気持ちを膨らませることができるでしょう。

GTの話を聞いてみると，生徒だけでは思い至らなかった話を聞くこともできます。ここで生まれたGTと生徒との「考えのギャップ」を生徒に振り返らせることで，さらに問いに対する考えを深めることができます。

「変化した明の気持ち」ではなく「行動を支えた動機」に注目させることが重要だと考えます。明の行動を支えた動機に目を向けることで，よりよい地域づくりのためには，地域の人々と連帯することの大切さや，個々人の日々の努力の大切さに気づき，生徒自身が積極的に地域社会に参画しようという意欲を膨らませることでしょう。

終末

終末に，本時の学習テーマについて考える時間を取りました。わかっている，と思いがちですが，案外，生徒たちは普段考えたことがない問いでしょう。様々な友人の意見や，地域活動に参加しているGTの意見を聞くことによって，社会参画の意義に対して多面的・多角的に捉えることができるようにしました。また宮台真司さんの「任せて文句を言う社会から，引き受けて考える社会へ」という提言について，教師からの説話とする方法もあります。

GTからうかがった「地域の課題を解決するために自分たちにできることは何か」について，総合的な学習の時間や学級活動の時間を活用して，具体的に話し合いを深めるような総合単元的な学習もできるでしょう。（星）

▶内容項目：C−(13)勤労

新しいプライド
働くってどんなこと？

掲載教科書：東書／学図／教出／光村／日文／学研／あかつき／日科

> **ねらい**
> 清掃の仕事に誇りをもって取り組むようになる主人公の姿から、勤労の尊さや意識を理解し、勤労に生きがいをもち社会に貢献する態度を養う。

教材のあらすじと活用ポイント

　主人公の「私」が、隠れるように行っていた清掃の仕事に、誇りをもって取り組むようになる話です。「私」は自分の清掃の仕事を家族に嫌がられます。そのせいか自分の仕事に誇りをもてず、自分の仕事を誰にも知られたくないと思っています。新幹線車内清掃の仕事をパートタイムから始めた「私」ですが、そこで働くメンバーは、清掃はもちろんのこと、困っている人にもどんどん声をかけ乗客のために積極的に行動する人たちでした。その姿に打たれながらもまだ清掃の仕事をしていることを恥ずかしく思っていた「私」は、ある日、働く姿を夫の弟の妻に見られてしまいます。せっかくやりがいのある仕事だと思い始めていたのに、きっと世間の人はそうは思わない…そう頑なに思い込む「私」の悩みを吹っ切ってくれたのは、ほかならぬ夫の弟の妻からの電話でした。古い「プライド」を捨て、自分の仕事に「新しいプライド」をもち得た話から、勤労の意味について考えることができます。

「特別の教科　道徳」の授業づくりのポイント

　なぜ清掃の仕事をそんなにも人に知られたくなかったのでしょう。家族の嫌がる清掃の仕事だからでしょうか。ではなぜ「新しいプライド」を得ることができたのでしょう。有名な新幹線車内清掃の清掃だから？　それだけでしょうか。夫の弟の妻からの電話がきっかけになって「私」が何に気づいていったのか、これがこの授業のポイントです。

評価のポイント

　中心発問とそこからの話し合いにどれだけ真剣に取り組むことができたか、発言や記述、取り組む様子から、ねらいに迫る授業となったかどうか評価します。

本時の流れ

	○学習活動	●教師の手だて　◇評価　※留意点
導入	○自分の知っているいろいろな仕事について発表する。	●「仕事」について簡単に考えさせる。 ※簡潔に扱う。仕事の内容に深入りしない。
	発問　世の中にはどんな仕事がありますか。	
展開	○教材の範読を聞く。 ○ストーリーをつかむ。	●生徒の発言を利用して教材の骨組みをつかませ、考えるポイントを明らかにしていく。
	発問　「お母さん、そんな仕事しかないの」と言われてどんな気持ちだっただろう。	
	○清掃の仕事を家族に嫌がられている「私」の気持ちを考える。	●誇りをもって仕事に取り組めなかったときの様子を押さえる。 ●「なぜ『ここの人たちは全くちがいました』と思ったのだろう」と発問し、「私」と新幹線車内清掃メンバーとの仕事に対する意識の違いを浮かび上がらせる。
	発問　「ずっと家にいたお姉さんが、あんなふうにちゃきちゃき仕事する人だなんて思わなかった。すごいじゃないですか」と言われてどんなことを考えただろう。	
	○夫の弟の妻に本気でほめられているように思いうれしかった「私」について考える。	●単に「うれしかった」という意見に対しては、「なぜそんなにうれしかったのか」「家族はほめてくれたのかな」「ずっと家にいたお姉さんが…ってどういう意味だろう」などと問い返し、仕事は家族のためだけにしているわけではないし、家族は仕事の種類よりもちゃんと働けるのか心配していた可能性もあることに気づかせたい。
終末	○板書を見ながら、本時の授業を振り返る。	●できるだけ生徒の言葉（意見）で余韻をもって終わるようにする。
	発問　自分の仕事に誇りがもてるようになるのはどんなときだろう。	
	○ワークシートに記入する。自己評価についても記入する。	◇記入する様子をしっかり見ておく。

準備物

・新幹線の写真
・ワークシート

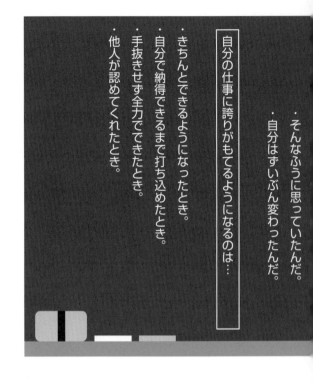

自分の仕事に誇りがもてるようになるのは…
・きちんとできるようになったとき。
・自分で納得できるまで打ち込めたとき。
・手抜きせず全力でできたとき。
・他人が認めてくれたとき。

・そんなふうに思っていたんだ。
・自分はずいぶん変わったんだ。

本時の実際

🍀導入

　「今日は仕事の話だよ」これでいきなり始めました。すぐに「世の中にはどんな仕事がありますか」と問い，公務員，先生，医者，道路工事，パイロット，などけっこう出てきたので途中で遮り，新幹線の写真を貼りました。
　「これ何だか知ってる？」と聞くとすぐ「新幹線」と答えが返ってきたので，「この中をお掃除する人たちがいるんだけど，大変なんだって。でも，この仕事有名で，テレビでも放映されたことあるんだよ」と話をして，導入は終わりにしました。

🍀展開

　教材を読んで，筋をつかませるために，まず「どんな話だったか」と発問しました。「新幹線の掃除の話」という答えが出たので，「どういう気持ちで掃除していたんだろう」と聞くと「最初は恥ずかしかったけど，最後はうれしくなった」と言ってくれたので，「そうだね，掃除の仕事をしていたんだけれど，最初は恥ずかしくて，最後はうれしくなった話だよね」とまとめました。
　まず主人公が誇りをもって仕事に取り組めるようになる前の姿を押さえたかったので「『お母さん，そんな仕事しかないの？』と言われどんな気持ちだっただろう」と発問しました。「嫌な感じ」「何でそんなふうに言うんだろう」「働いてほしくないのかな」などの意見が出ました。

新しいプライド

- 世の中にはどんな仕事がありますか。
  ・公務員
  ・医者

- どんな話ですか。
  ・恥ずかしかった清掃の仕事をうれしく思う話。

- 「お母さん、そんな仕事しかないの」と言われてどんな気持ちだっただろう。
  ・嫌な感じ。
  ・何でそんなふうに言うんだろう。
  ・働いてほしくないのかな。
  ・そんなに変な仕事かな。

- ついに認められた。
- 自分もやっと一人前になった。
- よかった、ほめられた。

- 私だってできるんだ。
- やっていてよかった。
- メンバーのおかげだ。

> ずっと家にいたお姉さんが、あんなふうにちゃきちゃき仕事する…すごいじゃない。

- やっと自信がついた。
- 前の自分とは違うんだ。
- きっと他の人も私が一人前になったと思ってくれるだろう。

そこでその次の場面で、「私」は「ここの人たちは全くちがいました」となぜ思ったのか発問しました。清掃さえすればいいと思っていた主人公と、清掃という仕事を入り口に清掃以外でも徹底して乗客のために働く誇りあるメンバーとの意識の違いを押さえておきたかったからです。

その上で中心発問で「『ずっと家にいたお姉さんが…すごいじゃないですか』と言われてどんなことを考えただろう」と聞きました。「ついに認められた」「自分もやっと一人前になった」などの意見に混じって「そんなふうに思われていたんだ」という意見があったので「そんなふうって？」と問い返すと「ちゃんとした仕事なんかできないと思われてたんだと思う」という答えが返ってきました。

● 終末

新幹線車内清掃の仕事をほめてくれたのは夫の弟の妻です。主人公の家族がどう思ったかはどこにも書かれていません。あんなに主人公の清掃の仕事を嫌がっていた家族。主人公が自分の清掃の仕事を隠し通そうと思ったのはそこも大きい、しかしそれらを乗り越えて主人公は自分の清掃の仕事に「新しいプライド」をもてたのです。

生徒には「家族はほめてくれたのかな」「もしかしたら家族がほめてくれたからうれしくなったのかな」などと突っ込みました。生徒からは「こんなにうれしくなった原因は家族ではないかも」という意見が出ました。

その上で「じゃあ、自分の仕事に誇りがもてるようになるのはどんなときだろう」と発問しました。

（海老沢）

▶ 内容項目：C－(14)家族愛，家庭生活の充実

家族と支え合うなかで
支え合う家族

掲載教科書：東書／学図／教出／光村／**日文**／学研／あかつき／日科

ねらい
父母，祖父母に敬愛の念を深め，家族の一員として協力し合って生活しようとする意識を高める。

教材のあらすじと活用ポイント

　本教材は，主人公が年老いて，体の自由が利かなくなってしまった祖母の世話をすることを拒絶してしまったことから，自分の自己中心的な言動に気づき，家族の在り方を考え始めるという内容です。幼い頃，自分自身は祖母をはじめとする家族に支えられてきたことや，福祉施設でのボランティア体験を通して，これからどのような気持ちで家族と向き合っていけばいいかを考え始める姿を描いています。家族のつながりの大切さや支え合って生活することの意味に気づかせる内容となっています。

「特別の教科　道徳」の授業づくりのポイント

　祖父母の世話をするということは，けっして一筋縄でいくものではありません。先の見えない，苦しい毎日になることも事実です。しかし，家族だからこそ，支え合わなければならないこともあります。互いに役割を担い，協力し合い，協働しながら，みんなで支え合っていくのも家族なのです。きれいごとではすまされない現実の問題を自分のできる範囲でどこまで家族の一員として支えることができるかをじっくり考えさせるようにします。

評価のポイント

　「家族から受けている愛情や温もりに気づき，家族のつながりについて，自分のできる範囲の中で，自分の言葉として発言することができる授業だったか」「教材を通して，自分の家族に置き換えて，家族が支え合うということを自分なりに考えることができる授業だったか」を評価します。

本時の流れ

	○学習活動	●教師の手だて　◇評価　※留意点
導入	発問　「家族」がいて，いいなと思ったことはありますか。	
	・おいしいものを食べさせてくれる。 ・うれしいとき，一緒に喜んでくれる。 ・悲しいとき，一緒に心配してくれる。	※「家族」は，父母に限らず，祖父母や兄弟など広くとらえて考えられるようにする。 ※虐待などの環境にいる生徒にとっては，授業そのものが苦痛になってしまうことも考えられるので，十分配慮したい。
展開	○教材を読んで，考える。	
	発問　主人公は，祖母がそそうをしたとき，どんなことを考えましたか。	
	・祖母，おもらししたんだ。汚いな。 ・どうして手伝わなければならないの。	※主人公が，祖母の世話は臭く，汚く，やりたくないと思う気持ちは，誰にでもあることを押さえる。
	発問　主人公は，母から幼い頃の自分の話を聞いたとき，どんなことを考えていましたか。	
	・自分も同じようにおもらししたとき，祖母が掃除してくれたんだ。 ・祖母ばかりのせいにしていたけど，自分だって同じだったんだ。	※かつては自分もおもらしをして，祖母に掃除をしてもらった話を母から聞いて，祖母のおもらしに対する考えが変わり始めたことを考えさせる。
	発問　ほとんど寝たきりだった祖母の部屋を掃除したとき，祖母が立ったとき，主人公はどんなことを考えていましたか。	
	・ただ掃除しただけなのに，まさか立ち上がってくれるなんて。 ・私が掃除したことがそんなにうれしかったのかな？	※主人公が掃除したことが，祖母にとっては大きな生きる励みとなったことに触れる。
	発問　母から，「朝子のおかげで，ゆとりができた」と言われたとき，どんな気持ちでしたか。	
	・こんな自分でもお母さんの力になれてうれしかった。 ・私も祖母も，みんな家族の一員なんだ。家族っていいな。	※家族の一員としての気持ちが芽生えた主人公の心情を押さえる。
	発問　家族の一員として，自分にできることは，どんなことがあるだろう。	
	・ほんの些細なことでいいから，家族のために自分が力になることを行うことだと思う。	※それぞれの家庭で，考えられるように配慮する。
終末	発問　先生から，「三方よし」の話を聞きましょう。	

準備物

・「三方よし」の字を大きく書いた紙

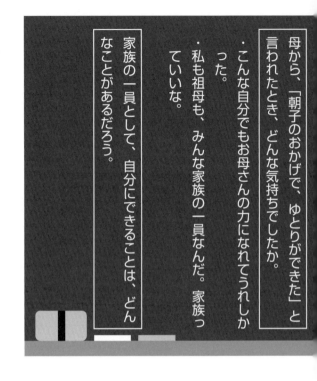

・母から、「朝子のおかげで、ゆとりができた」と言われたとき、どんな気持ちでしたか。
・こんな自分でもお母さんの力になれてうれしかった。
・私も祖母も、みんな家族の一員なんだ。家族っていいな。
・家族の一員として、自分にできることは、どんなことがあるだろう。

本時の実際

◉導入

「『家族』がいて、いいなと思ったことはありますか」と聞くと、生徒からは、「おいしいものを食べさせてくれる」「うれしいとき、一緒に喜んでくれる」「悲しいとき、一緒に心配してくれる」などの発言を聞くことができました。ここでは、家族から何かされて感謝するというのではなく、家族の一員として自分が存在していることに感謝できるようにしたいと考えます。また、生徒によっては、複雑な家庭環境の中で育ってきた人がいるので、「家族」は、父母に限らず、祖父母や兄弟など、広くとらえて考えられるようにします。

さらに、虐待などの環境にいる生徒にとっては、授業そのものが苦痛になってしまうことも考えられますので、この点を十分配慮したいと考えます。

◉展開

最初に「主人公は、祖母がそそうをしたとき、どんなことを考えましたか」を聞きました。生徒からは、「祖母、おもらししたんだ。汚いな」「どうして手伝わなければならないの」という発言が聞かれました。

次に、「主人公は、母から幼い頃の自分の話を聞いたとき、どんなことを考えていましたか」と聞きました。生徒からは、「自分も同じようにおもらししたとき、祖母が掃除してくれたんだ」「祖母ばかりのせいにしていたけど、自分だって同じだったんだ」とはじめて自分が祖母に世話をしてもらったことをわかり始め、祖母に対する認識が変わり始めました。さらに、「祖母の部屋を掃除したとき、祖母が立ったとき、主人公はどんなことを考えていましたか」と聞きました。

家族と支え合うなかで

- 主人公は、祖母がそそうをしたとき、どんなことを考えましたか。
- 祖母、おもらししたんだ。汚いな。
- どうして手伝わなければならないの。
- 主人公は、母から幼い頃の自分の話を聞いたとき、どんなことを考えていましたか。
- 自分も同じようにおもらししたとき、祖母が掃除してくれたんだ。
- 祖母ばかりのせいにしていたけど、自分だって同じだったんだ。
- ほとんど寝たきりだった祖母の部屋を掃除したとき、祖母が立ったとき、主人公はどんなことを考えていましたか。
- ただ掃除しただけなのに、まさか立ち上がってくれるなんて。
- 私が掃除したことがそんなにうれしかったのかな？

　生徒からは、「ただ掃除しただけなのに、まさか立ち上がってくれるなんて」「私が掃除したことがそんなにうれしかったのかな？」という発言を聞くことができました。

　さらに、母から、「朝子のおかげで、ゆとりができた」と言われたとき、どんな気持ちでしたかと聞きました。生徒から、「こんな自分でもお母さんの力になれてうれしかった」「私も祖母も、みんな家族の一員なんだ。家族っていいな」というような発言を聞くことができました。

　最後に、「家族の一員として、自分にできることは、どんなことがあるだろう」と生徒に聞きました。生徒は、「ほんの些細なことでいいから、家族のために自分が力になることを行うことだと思う」と答えました。家族というものを考え直すきっかけになりました。

● 終末

　校庭の花壇には、オレンジのマリーゴールドと白，ピンク，赤の日日草が植えてあります。これらは，通り沿いの花壇にもあります。これは，学校の生徒，先生に限らず，外を歩いている人にも見てもらって，ホッとしてもらうために通り沿いに花を植えたものです。

　このように，生徒がよく，先生がよく，さらには，一般の人にもよいことを，（紙を広げて）「三方よし」といいます。

　この「三方よし」は，花だけではありません。普段の生活にも当てはまります。

　例えば，家族を例に挙げてみますと，自分だけがよくてもいけません。お父さん，お母さんだけでもいけません。おじいちゃんやおばあちゃんなどもよくなければならないのです。

(松原)

▶ 内容項目：C－(15)よりよい学校生活，集団生活の充実

一粒の種
よりよい校風の樹立

掲載教科書

ねらい

彩香の心情の変化を共感的に追求することを通して，学校の一員としての自覚をもち，よりよい校風をつくっていこうとする道徳的心情を育てる。

教材のあらすじと活用ポイント

　新設校に転入してきた彩香は，まわりのことに無関心な学校の雰囲気に戸惑っていました。しかし，バレーボール部の応援をしようと彩香が呼びかけたことをきっかけとして，周囲にみんなで応援しようという雰囲気が広がっていく様子が描かれています。その中で彩香は，新しい学校を好きになっている自分に気がつきます。活用に当たっては，彩香の心情の変化を共感的に追求していきながら，よりよい校風をつくっていくために大切なことを考えます。

「特別の教科　道徳」の授業づくりのポイント

　本教材には，自分が働きかけることによって，今までの学校をよりよく変えていこうとし始める主人公の姿が描かれています。主人公はこの体験から，校風は大切にするだけでなく，多くの種をまく人の存在によってつくられていることを学びます。さらに，自らが主体的に関わることによって，愛着が深まり愛校心へとつながっていくことにも気づかせたいものです。

　この主人公の心情の変化を共感的に追求することによって，主人公が学んだことが自分の中にもあることを想起させていくことが期待できます。心情の変化の理解を基に，主人公が「学校が好き」になった理由を考えさせます。

評価のポイント

　まずは，主人公が自ら校風をつくっていくことの大切さに気がついていく心情の変化を共感的に理解できる授業だったかがポイントになります。この理解を基にして，変化の理由を多面的・多角的に考えることができます。さらに，終末では，学んだことを自分のこととして考えられる授業であったかが評価のポイントとなります。

本時の流れ

	○学習活動	●教師の手だて　◇評価　※留意点
導入	発問　あなたが所属している集団には，どのようなものがありますか？	
	○自分が所属している集団について考える。	●自分が所属している集団を挙げさせ，今日は，その中で学校という集団について考えることを伝え，価値への導入を図る。 ※短時間で挙げさせる。
展開	○教材を読む。	
	発問　転校してきた当初，彩香は新しい学校にどんな印象をもったのだろう？ また，それがどのように変化していったのだろう？	
	○転校してきた当初の彩香の学校の印象を確認する。	●教材に記述されている内容なので，生徒に発言を促しながら，教師主導でまとめていく。
	発問　彩香はどうしていつのまにか今の学校が好きになったのだろうか？	
	○彩香が学校を好きになった理由を追求する。	●多面的に考えるようにしながら，自らが主体的に関わることによって，周囲の変化が生じ，愛着へと変化していったことにも気づかせる。 ◇好きになった理由を多面的・多角的に考えることができたか。 ※「一粒の種」の意味には必ず触れる。
終末	発問　よりよい校風をつくっていくためには，どのようなことが大切だろうか？	
	○よりよい校風をつくっていくために大切なことを考える。 ○4人組で意見交換をする。 ○本時の振り返りをする。 ○ワークシートに「今日の授業で学んだこと・これから意識したいこと」を記入する。	●意見交換により多面的・多角的な考え方に発展するようにする。 ◇自分の問題として捉えているか。

準備物

- ワークシート

・無関心でいない
・自分ができることをしていく
・理由を考えて納得して行動する
・新しいものを取り入れる

本時の実際

🔴 導入

展開で時間をかけて話し合い活動に取り組ませるために,導入にはあまり時間をかけたくありません。

ここでは,自分が所属する集団について問い,簡単に答えさせ,価値への導入を図りました。

生徒は「バスケットボール部」「1年C組」「○○家」「○○中学校」などと口々に発言しました。導入の目的の一つに発言しやすい雰囲気をつくることが挙げられます。

自由に発言させた後,「今日は,『学校』という集団について考えていきたいと思います」と言って,生徒の思考の方向性を定めて,教材の範読に入りました。

🔴 展開

教材を読んだ後「転校してきた当初,彩香は新しい学校にどんな印象をもったのだろう?」と発問しました。「あまり馴染めなかった」という発言に対し,「どんなところが?」などと問い返して引き出していきました。

・部活や生徒会活動が活発ではない。
・設備は立派だけど殺風景。
・部活の応援もしないで,みんな他の人のことには無関心。
・楽しくない。

などが出た後,「あまり,よい印象はもたなかったんだね。でも,それがどんなふうに変わっていったの」と問いかけました。

・学校が好きになった。

「好きになった」という考えが出た後,「ど

一粒の種

- 部活や生徒会活動が活発ではない
- 設備は立派だけど殺風景
- 部活を応援しない　無関心
- 楽しくない
- 応援するようになった　楽しい ←
- 好きになった

どうしていつのまにか好きになったのだろう

- みんなが受け入れてくれてうれしい
- 自分がしたことが広がる
- 誰かがまいてよい学校になる

一粒の種

- うれしい
- 学校が好きになる ←

よりよい校風をつくっていくために大切なこと

うして好きになったのだろう」と発問し，次のようなやりとりをしました。
生徒「みんなで応援するようになったから」
教師「どうして応援するようになったの」
生徒「彩香がみんなに投げかけたから」
教師「呼びかけに乗ってきたんだね」
生徒「自分が言い出したことをみんなが受け入れてくれてうれしかった」
教師「『一粒の種』って書いてあるけど，どういうこと」
生徒「自分が何かをして，それが広がっていく感じ」
生徒「誰かがまいた種が，それぞれ成長していっていろんな実がなる。いい学校ができる」
生徒「それが自分もうれしいし，学校も好きになる」

● **終末**

終末では「よりよい校風つくっていくために大切なことは何だろう」と問い，自分の考えをワークシートに書かせた後，「4人組で意見交換をしてください」と指示を出しました。意見交換を7分程度して，机を元に戻させてから，意見を発表させました。
「無関心でいないで自分ができることをしていく」
「今していることの理由を考えて納得して行動する」
「今あることを続けるだけでなく，場合によっては新しいものを取り入れていく」
などの反応を得られました。
その後，ワークシートに学んだこと・意識していきたいことを書かせて，授業を振り返らせました。

（小貝）

▶ 内容項目：C−(16)郷土の伝統と文化の尊重，郷土を愛する態度

ぼくのふるさと
ふるさとのために

掲載教科書

ねらい
近所に住むおばあさんと「ぼく」の心の交流から，地域社会の一員としての自覚をもって郷土を愛し，郷土の発展に努める心情を育てる。

教材のあらすじと活用ポイント

　毎年正月近くになると，近所に住むおばあさんが「ぼく」のところに金山寺みそを持ってきます。おばあさんには名古屋に住む息子夫婦がおり，近所に住む人は「一緒に暮らせば」としきりにすすめますが，おばあさんは村から出て行くことを嫌がります。そんなおばあさんを見るうちに，「ぼく」の心には，自分が将来村を出て都会で暮らすことになっても，自分の両親はこのおばあさんと同じように都会で一緒には暮らしてくれないだろうという考えが浮かび上がります。近所に住むおばあさんとの心の交流から，地域社会の一員としての自覚を深める「ぼく」の姿を通して，地域社会とは何か，そこに住む人々の思いとはどんなものなのか，そこに住み続けるためにはどういうことが大切なのか，考えを深められます。

「特別の教科　道徳」の授業づくりのポイント

　金山寺みそを持ってきてくれるおばあさんがポイントです。このおばあさんの姿，生き方に触れるうちに「ぼく」は「ふるさと」について様々に考えるようになります。
　おばあさんと接するうちにどんな考えが浮かび上がってくるようになったか，おばあさんが故郷を大切に思うのはどうしてなのか，おばあさんを見るうちに自分の両親や串原村の将来にまでなぜ「ぼく」の思いは広がっていったのかなどを，生徒と対話しながら深めていきます。

評価のポイント

　おばあさんの存在をきっかけに，両親への敬愛，地域社会やそこに住む人々への尊敬の念が育っていく様子に共感しながら，大切にすべき「ふるさと」とはどんな「ふるさと」なのか考えられる授業となっているか評価します。

本時の流れ

	○学習活動	●教師の手だて ◇評価 ※留意点
導入	○「ふるさと」という板書を見る。	●「ふるさと」について簡単に考えさせる。 ※簡潔に触れ,あまり時間をかけない。
	発問 「ふるさと」と言われてどんなところを思い浮かべますか。	
展開	○教材の範読を聞く。 ○ストーリーをつかむ。	●生徒の発言を利用して教材の骨組みをつかませ,考えるポイントを明らかにしていく。
	発問 「大好き,ありがとう」と言って「ぼく」はどんな気持ちでおばあさんの金山寺みそを受け取っていたのだろう。	
	○金山寺みそがきっかけになっておばあさんの生き方にだんだん気づいていく「ぼく」の心を考える。 ○話し合い用ワークシートに記入する。 ○班ごとに発表する。	●「ふるさと」について普段はあまり意識しないという道徳的な問題について触れながら,中心発問につなぐ。 ●机を動かしてグループワークを行い,問題について様々な見方を出し合うようにする。その際,まず個人で考えてから,グループになって意見交換させる。
	発問 串原村から出るのはどうしても嫌だというおばあさんの姿から「ぼく」はどんなことを考えたのだろう。	
	○「ふるさと」を大切に思う心を生み出しているものについて考える。	●最初はグループで話し合い,その後,机を戻して個人で考えるようにする。 ●発表された意見に問い返しながら深めていく。 ●主題に迫るために,なぜそこまで串原村がいいと思うのか,発問する。
終末	○板書を見ながら,本時の授業を振り返る。	●できるだけ生徒の言葉(意見)で余韻をもって終わるようにする。
	発問 たとえ不便でもみんなで暮らしたいと思える「ふるさと」とは,どんな「ふるさと」だろう。	
	○ワークシートに記入する。自己評価についても記入する。	◇記入する様子をしっかり見ておく。

準備物

・グループワーク話し合い用ワークシート
・ワークシート

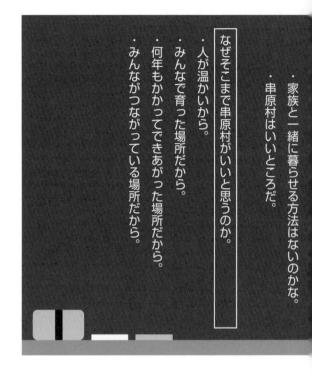

本時の実際

●導入

授業を始めるにあたり、「幸せ」と板書し、道徳ではどうしたら幸せになれるか考える、と伝えました。

ただし、人に迷惑をかけるものであっては困るが幸せは人それぞれであって、例えば金魚を眺めているだけでも幸せになれる人もいるかもしれないし、試合に勝ったときに一番幸せになる人がいるかもしれないし、テストで100点取っても幸せになれない人もいるかもしれない。幸せがそれぞれならそこに至る道もそれぞれでいい。だから、道徳に正解はないとよくいわれるが、正解がないのではなくて正解はいっぱいある。そしてそこには心が深く関わっているから、心を手がかりにいろいろな幸せについて考えていこう、と呼びかけました。

●展開

中心発問とそこからの対話に一番時間をかけるために、教材範読後、まず、「どんな話だったか。簡単に言ってみて」と発問しました。すぐには意見が出なかったので、2分くらい4人1組のグループワークをしてから再度発問すると「ふるさとをどうしたらいいかなあ、と思う話」という発言が出たので、「どうしてそんなことを考えたのだろう？」「最初からそんなことを考えていたのだろうか？」などと問いかけながらストーリーを確認しました。「『大好き、ありがとう』と言って『ぼく』はどんな気持ちでおばあさんの金山寺みそを受け取っていたのだろう」と発問し、おばあさんとの触れ合いから「ふるさと」について深く考えるようになった「ぼく」の心の流れを押さえました。

ぼくのふるさと

- 「ふるさと」どんなところを思い浮かべるか。
- 生まれ故郷。
- 田舎。

どんな話
- ふるさとをどうしたらいいかなあ、と思う話。

「大好き、ありがとう」と言って金山寺みそを受け取っていたのか。「ぼく」はどんな気持ちで金山寺みそを受け取っていたのか。

- 仕方ないから。
- 断るのも悪いから。
- 何でぼくに。
- 何か事情があるのかな。
- 年をとると心細いのかな。
- 年寄りは頑固だ。
- 家族は心配しているだろうな。

串原村から出るのはどうしても嫌だというおばあさんの姿からどんなことを…

- かわいそう。
- そんなに串原村が好きなのか。
- 本当は家族と一緒に暮らしたいのでは…

- おばあさんにとって串原村は家族よりも家族なのかも。それも悲しい。

その上で「串原村から出るのはどうしても嫌だというおばあさんの姿から『ぼく』はどんなことを考えたのだろう」と中心発問で問いかけました。「かわいそう」「そんなに串原村が好きなのか」などの発言があり、「どういうところがかわいそうか？」と問い返したところ、「本当は家族と一緒に暮らしたいだろうに村から出ていく勇気が出ないところ」という発言があったので、「なぜ勇気が出ないのだろう」とさらに問い返したところ「村の方が好きだから」と発言がありました。

それ以降は、ふるさとを思ういろいろな想いを引き出し主題に迫るために、「なぜそこまで串原村がいいと思うのか」と発問し、意見を聞いていきました。

終末

中心発問とその後の発問で「みんなで育ってきた場所からは離れたくない」「ずっとこの村で過ごしてきた人にとって都会は不安だらけ」「村の人々は温かい」など「ふるさと」を大切に思う気持ちやそこから出ていくことへの不安が出てきました。そこで終末では、ふるさとのよさとは何なのか改めて考えさせるために「たとえ不便でもみんなで暮らしたい『ふるさと』とは、どんな『ふるさと』だろう」と問いかけました。

中心発問と内容が重なるところもあるのでもう時間はかけずに、最後は、「この話の中にどんな『幸せ』があっただろう？」と投げかけ、授業の振り返りをするよう指示しました。

（海老沢）

▶ 内容項目：C－(17)我が国の伝統と文化の尊重，国を愛する態度

掲載教科書：東書／学図／教出／光村／日文／学研／あかつき／日科

奈良筆に生きる
理想を求めて生きる

ねらい

理想の実現を目指し，強い志をもって，自己の人生を自ら切り拓いていこうとする態度を養う。

教材のあらすじと活用ポイント

　本教材は，奈良筆づくりに一生を捧げた筆職人の刈谷史峰（正二）氏を取り上げています。
　史峰氏は，一人前の筆職人になりたいという思いから，厳しい修業に耐え，苦しさを味わいながらもそれを乗り越え，富や名声を求めることなく，よりよい筆づくりに精魂を込めてきました。また，後継者を育てることにも心を砕き，奈良の伝統工芸である筆づくりの発展に努力してきました。職人として常に理想をもち，よりよいものをつくり出そうと研鑽する史峰氏の姿を通して，自らの理想に向かって生きる姿に共感することのできる教材です。

「特別の教科　道徳」の授業づくりのポイント

　主人公が理想を掲げた動機と，その実現のための具体的な行動，さらに成果を得た後も現状に満足することなく，より高い目標に向かって努力する姿勢を十分理解することができるようにします。
　また，主人公の生き方を「すごいな」「かっこいいな」だけで終わらせるのではなく，将来に向かって理想を実現していくことの大切さを自分の生き方と重ね合わせながら考えることができるようにします。

評価のポイント

　「理想をもち，それを実現していくためには，志や目標が大切であることを自分なりに考えることができる授業だったか」「主人公の誠実な生き方に共感しながら，自分の理想の実現と重ね合わせて考えることができる授業だったか」を評価します。

本時の流れ

	○学習活動	●教師の手だて ◇評価 ※留意点
導入	**発問** 将来、あなたはどんなことをやってみたいですか。それは、なぜですか。 ・芸能界で活躍したい。 ・スポーツ選手になりたい。 ・自分でお店を経営したい。	●あらかじめアンケートをとっておいて、それを提示するようにしたい。 ※なぜそのように考えたのかの理由もあらかじめ聞いておいて紹介する。
展開	○教材を読んで、考える。 **発問** 主人公は、修業時代、いつもどんなことを考えていたと思いますか。 ・早く兄弟子のように座って仕事ができるようになりたい。 ・つらいな。このまま自分はどうなるのだろう。	※先の見えない不安から、弱気になっている主人公の気持ちを押さえるようにする。
	発問 質屋の店先で、書家が、「この頃の奈良筆は、質が落ちた」というような話を聞いたとき、どんなことを考えましたか。 ・手抜きしている自分のことを指摘しているのではないかと思った。 ・無知な人間が筆づくりを行ったところで、すばらしい筆はできないのではないかと思った。	※未知な言葉が多い中で、少しでもそれを理解しようと努力を始めた主人公の心情を押さえるようにする。
	発問 ようやく筆職人として独立した主人公は、どんな気持ちで仕事に向き合うようになりましたか。 ・「奈良筆の質が落ちた」と言われないように努力した。 ・使う人の身になって筆をつくろうとした。	※独立しても、初心を忘れないという主人公の気持ちを押さえるようにする。
	発問 主人公は、筆ペンや後継者不足について、どんなことを考えていましたか。 ・筆ペンの出現により、毛筆のよさを忘れてしまうのではないか。 ・これまで引き継がれてきた日本の伝統が、これで立ち切れになってしまうのではないか。	※これまでは自分のことばかりを考えていた主人公が、立派な職人となり、筆ペンの出現や後継者不足を心配するようになったことを押さえるようにする。
	発問 「私は、まだ青二才や」という主人公の言葉には、どのような思いが込められているのでしょう。 ・さらによい筆をつくるために、自分は死ぬまで努力するという強い思い。 ・奈良筆づくりの職人として、自分の使命を果たそうとする強い思い。	※自らが志したことを生涯かけて努力していこうと決意する主人公の思いに共感させたい。
終末	**発問** 先生から、「晴耕雨読」の話を聞きましょう。 ・話を聞く。	※「晴耕雨読」を「準備期間」として捉えられるように説明する。

準備物

・「晴耕雨読」の字を大きく書いた紙

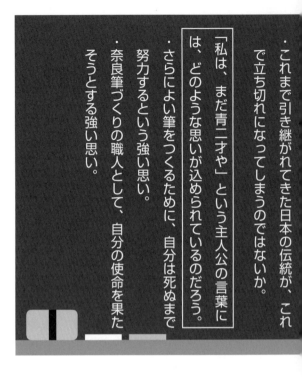

・これまで引き継がれてきた日本の伝統が、これで立ち切れになってしまうのではないか。
・「私は、まだ青二才や」という主人公の言葉には、どのような思いが込められているのだろう。
・さらによい筆をつくるために、自分は死ぬまで努力するという強い思い。
・奈良筆づくりの職人として、自分の使命を果たそうとする強い思い。

本時の実際

●導入

あらかじめアンケートをとっておいて、それを提示するようにしました。また、なぜそのように考えたのかの理由もあらかじめ聞いておき、紹介しました。

中学生の発達段階を考慮すれば、自分の夢は、人前では発表したくないものです。したがって、名前を公表しないアンケート調査で発表するようにしました。

理由を紹介する中で、事前に本人から聞き取りを行い、教師が補足説明をすると効果的でした。

授業では、「ユーチューバーになりたい」と答えてくれた生徒が、「テレビに出る芸能人よりも近い存在で親しみがあるから。そんな人を喜ばせる仕事に就きたい」と真剣に話していたことを紹介しました。

●展開

最初に、「主人公が、修業時代、いつもどんなことを考えていたと思いますか」と聞きました。

次に、「質屋の店先で、書家が、『この頃の奈良筆は、質が落ちた』というような話を聞いたとき、どんなことを考えましたか」と聞きました。生徒は、「手抜きしている自分のことを指摘しているのではないかと思った」「無知な人間が筆づくりを行ったところで、すばらしい筆はできないのではないかと思った」と発言をしました。

また、「筆職人として独立した主人公は、どんな気持ちで仕事に向き合うようになりましたか」と聞くと「『奈良筆の質が落ちた』と言われないように努力した」「使う人の身になって筆をつくろうとした」と答えました。

奈良筆に生きる

- 主人公は、修業時代、いつもどんなことを考えていたと思いますか。
- 早く兄弟子のように座って仕事ができるようになりたい。
- つらいな。このまま自分はどうなるのだろう。

質屋の店先で、書家が、「この頃の奈良筆は、質が落ちた」というような話を聞いたとき、どんなことを考えましたか。

- 手抜きしている自分のことを指摘しているのではないかと思った。
- 無知な人間が筆づくりを行ったところで、すばらしい筆はできないのではないかと思った。

ようやく筆職人として独立した主人公は、どんな気持ちで仕事に向かうようになりましたか。

- 「奈良筆の質が落ちた」と言われないように努力した。
- 使う人の身になって筆をつくろうとした。

主人公は、筆ペンや後継者不足について、どんなことを考えていましたか。

さらに、「主人公は、筆ペンや後継者不足について、どんなことを考えていましたか」と聞くと、生徒は、「筆ペンの出現により、毛筆のよさを忘れてしまうのではないか」「これまで引き継がれてきた日本の伝統が、これで立ち切れになってしまうのではないか」と答えました。

最後に、「『私は、まだ青二才や』という主人公の言葉には、どのような思いが込められているのだろう」と聞くと、生徒は、「さらによい筆をつくるために、自分は死ぬまで努力するという強い思い」「奈良筆づくりの職人として、自分の使命を果たそうとする強い思い」などと答えてくれました。

生徒は、自らが志したことを生涯かけて努力していこうと決意する主人公の思いに共感することができたようでした。

● 終末

みなさん、この「晴耕雨読」は、「せいこううどく」と読みます。

「晴耕雨読」は、「晴れた日には田畑を耕し、雨の日には、家で読書をしなさい」という意味があります。

さて、先生は、この言葉をもう少し意味のある言葉として受け止めたいと考えます。それは、自分の夢や目標を実現させるために、「晴れた日には外で体を動かし体力をつけましょう。雨の日には、本を読み、これからどう生きるか考えましょう」と受け止めることです。

みなさんは、あと2年後、自分の夢の実現に向かって学校を卒業していきます。今は、その準備期間として、大切に過ごしてもらいたいと思います。

(松原)

▶内容項目：C－(18)国際理解，国際貢献

掲載教科書：東書／学図／教出／光村／日文／**学研**／あかつき／日科

真の国際人　嘉納治五郎
世界の中で生きる

ねらい
嘉納治五郎の生き方から，他国の文化や伝統を理解し尊重することの大切さを知り，国際的視野に立って行動し，国際社会の発展に貢献しようとする心情を育てる。

教材のあらすじと活用ポイント

　国際的な競技となった講道館柔道の創始者として知られる嘉納治五郎は，アジア初のIOC委員として幻の東京オリンピックを招致した功労者です。欧米のものであったオリンピックを，世界のオリンピックにしようと考えた嘉納の生き方を伝える教材です。

　2020年の東京オリンピックの招致と絡め，国際的視野に立った嘉納の考えや生き方について考えさせます。第1回目の東京オリンピックの写真やはじめて選手を派遣したストックホルム大会の写真などを提示し，時代背景とともに嘉納の思いについての理解を図ります。

「特別の教科　道徳」の授業づくりのポイント

　本教材では，日本の武道的精神とクーベルタンが提唱した近代オリンピックの精神とを融合し，オリンピックを真に世界的な文化にしようとした嘉納治五郎の卓越した国際性を学ぶことが大切です。長文で難しい語句もありますので，あらかじめ教材を読ませておいてもよいでしょう。2020年の東京オリンピックがあるので，題材そのものには関心が高いと思われますが，時代背景を十分に理解させておくことが必要です。組織づくりの困難さや世界との距離感などは現在とは大きく異なります。当時の写真など，視覚的に理解できるような資料を提示することも大切です。伝記教材ですので，知見的な活用も効果的です。

評価のポイント

　学習シートの記述や発表を基に，人種や文化，言語，価値観の相違を多様性として尊重し，共生への理解を深め，国際的視野をもって国際社会の発展に貢献しようとする心情が見られたかを評価します。

本時の流れ

	○学習活動	●教師の手だて　◇評価　※留意点
導入	○2020年東京オリンピックの招致活動を想起する。 ○嘉納治五郎について知る。	●2020年東京オリンピックの招致活動の振り返りと嘉納治五郎の紹介をし，教材への興味・関心を高める。 ※写真や映像で視覚的に想起させる。
	発問　東京オリンピックの招致に奮闘した嘉納治五郎の人生について考えよう。	
展開	○「真の国際人　嘉納治五郎」を読んで考える。	●時代背景や嘉納の生い立ちを十分に説明し，当時の日本が海外と交流をもつことの困難さを理解させる。
	発問　アジア初のIOC委員を引き受けた嘉納は，どんな思いだったのだろう？	
	○明治42年の時代背景を考え，その時代にIOC委員を躊躇なく引き受けた嘉納の思いを考える。	●嘉納に自我関与して考えさせる。
	発問　嘉納が東京オリンピックを招致したのはどういう思いからだったのだろう？	
	○それまでのオリンピックは欧米でしか開催されていないことを踏まえて，嘉納の思いを考える。 ○嘉納の思いを話し合う。	●嘉納が考える武道の精神や，クーベルタンが提唱した近代オリンピックの精神にも触れる。
	発問　真の世界文化とは何だと思うか？	
	○オリンピックにこだわらず，広く考える。	※嘉納の招致した東京オリンピックは幻に終わったことを伝える。 ●嘉納の思いを引き継ぎ，戦後，アジア初の東京オリンピックが開催されたことを伝え，写真を提示する。 ●本時の授業を通して自分が考えた「真の世界の文化」のイメージを言葉でまとめさせる。
終末	○嘉納の人生から学んだことを書く。	◇国際的な視野に立って行動することの必要性を知り，自分も世界のためにできることをしたいという気持ちがもてたか。

準備物

- 嘉納治五郎の写真
- 東京オリンピックの写真
- 2020年東京オリンピック招致活動の映像など
- 学習シート

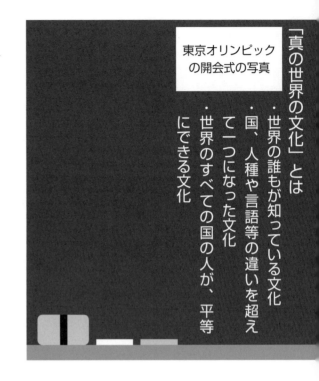

東京オリンピックの開会式の写真

「真の世界の文化」とは
・世界の誰もが知っている文化
・国、人種や言語等の違いを超えて一つになった文化
・世界のすべての国の人が、平等にできる文化

本時の実際

導入

2020年の東京オリンピックの話題を導入に使いました。東京オリンピック開催も1回目のオリンピックも、ほとんどの生徒が知っていました。写真を提示したところ、テレビ等で流しているためか、見たことがあるという生徒が多数いました。「実は今度のオリンピックは、本当は3回目なんです」と伝えたところ、それも知っている生徒がいました。オリンピックに対する興味・関心の高さがうかがえました。

しかし、長文の教材なので、一読では内容を理解することが困難な生徒もいました。事前に教材を読ませ、時代背景や嘉納治五郎の人物像も説明しておくと、短時間のあらすじの提示と人物紹介で「展開」に入ることができます。

展開

講道館柔道の創始者でもある嘉納治五郎の功績はたくさんありますので、アジア初のオリンピック開催にこだわった嘉納の卓越した国際性や行動力、反対する欧米のIOC委員をも納得させるだけの強い思いと英語力などに焦点を当てて、発問を構成しました。

実在の人物であることから、嘉納に自我関与して考えるよりも、嘉納に学ぶことに主眼を置きました。東京オリンピックを招致した嘉納の思いについて、「日本のことを外国に知らせたい」とか「外国の人に、もっと日本を知ってもらいたい」というような、自分たち側の欲求や願いを基にした思いと捉えた生徒もいました。「アジアではじめてのオリンピックを自分が行いたかった」という子どもらしい発言もありました。

真の国際人　嘉納治五郎

どうしてアジア初のIOC委員を引き受けたのだろう。

[嘉納の写真]

- 日本と外国の架け橋になりたい。
- 日本のことを外国の人に知らせたい。
- 日本のことをもっと知ってもらいたい。

日本開催を強く願った嘉納　その思いは…

- 日本のことをもっと知ってほしい。
- 日本やアジアの人たちにも、オリンピックのすばらしさを知らせたい。
- アジア初のオリンピックを開きたい。
- 欧米以外の国でも開催することでオリンピックは本当の世界のオリンピックになる。

[招致活動をする嘉納の写真]

　しかし、嘉納の思いはもっと高いところにありました。話し合いを進める中で、「オリンピックを欧米だけではなく、世界全体のものにしたい」という考えが強くなってきました。

　「真の世界の文化とは何だろう」という発問に対しては、「国、人種、言語などの違いなど関係なく、すべての国が一つになって行うもの」という考えが多く見られました。

　「違いを超えて」「世界が平等に」「世界に共通な」などのキーワードも生徒たちから出てきました。日本古来の柔術に工夫を凝らし柔道というスポーツをつくったばかりではなく、西洋のスポーツも積極的に取り入れて広めた嘉納の姿から、自国の文化も他国の文化も同様に尊重することの大切さを学んだ生徒もいました。

●終末

　終末では、「嘉納治五郎の人生から自分が学んだこと」ということを考えさせました。授業の前に嘉納を知っていた生徒はごくわずかでした。柔道部の生徒も嘉納を知らないという状況でした。21歳で講道館柔道を立ち上げたことや、アジア初のIOC委員になったこと、はじめてオリンピックに選手を派遣した人物であったことなど、国際的な視野に立って、生徒の想像を超える活動をした人の人生は、「すごい人だ」の一言でした。しかし、「日本も大切だけれど、世界の中の日本や、世界のために日本ができることという見方で考えられるようになりたい」という発言や、「嘉納さんのようなことはできないけれど、中学生の自分たちでも貢献できることがないか」という意見もありました。

（岡田）

▶ 内容項目：D－(19)生命の尊さ

あなたはすごい力で生まれてきた
生きることの意味を考えよう

掲載教科書：東書／学図／教出／光村／**日文**／学研／**あかつき**／日科

> **ねらい**
> 出産という共同作業を通して生まれてきた命の原点や生きることの意味を考え，人間の根底には生きる力が備わっていることを理解し，その力を生かして，他とつながりながら精一杯生きていこうとする態度を育てる。

教材のあらすじと活用ポイント

　出産は母親の力のみならず，赤んぼう自身も命がけで力を振りしぼって生まれてきます。人は生まれようとするその時点で「生きる力」を備えているのです。その力は母親の命をも支えてきました。赤んぼうと母親はそれぞれの命を支え合って生きているのです。

　この教材を通して，出産という共同作業を通して生まれてきた命の原点，生きることの意味を考えさせます。「生きる力のかたまりとして生まれてきた自分」や「他の命を支えている自分」を自覚し，生きる力を見失いそうになったときにも，強く生き続けていこうとする勇気をもつようにします。

「特別の教科　道徳」の授業づくりのポイント

　本授業は，ゲストに参加してもらうことが大きなポイントです。体験談を直に聞けるというリアリティこそ，生徒たちの追求意欲を高めます。

　最も追求すべきことは，「生きることの意味」です。命の原点，命を大切に生きるとはどういうことか，じっくり考えさせます。友達との対話を通して，考えを交流させていきますが，最終的には自分自身にとっての「生きる意味」に対する考えを深めることを大切にします。

評価のポイント

　振り返りシートを基に，生きることの意味について自分事として考えられた授業となっていたかを評価します。教材やゲストの話を頼りにしながら，一人ひとりが自分には生まれながらにして生きる力があることを理解するようにします。そして，その力を発揮するとともに，他者とも協力して困難を乗り越えていこうとする姿が見られることが望ましいと考えます。

本時の流れ

	○学習活動	●教師の手だて　◇評価　※留意点
導入	○自分が生まれたときの様子を発表する。	●事前に家で聞いてきたことを発表させる。 ※出産（＝命がけの仕事）を通して生まれてきた命を大切に生きるとはどういうことかと問い，テーマにつなげる。
	【テーマ】　生きることの意味を考えよう。	
展開	○教材を読んで話し合う。	●教材をすべて範読する。
	発問　「出産は，母親と赤んぼうの，二者の共同作業である」とはどういうことだろう。	
	・母親と赤んぼうがそれぞれ力を出し合って，命が生まれるということ。 ・母親だけでなく，赤んぼうが必死で生まれようとする力があって命が誕生するということ。 ・赤んぼうの力に呼応して，母親の身体も赤んぼうを押し出そうとすること。 ○ゲストに出産時の様子を聞く。	※生徒の発言を基に以下の2点を押さえる。 ・私たちは生まれながら「生きる力」をもっているということ。 ・「生まれよう」「生きよう」とする力は，他者との協力，支え合いによって発揮されるということ。 ※赤んぼうの自ら生きようとする力を感じたか尋ねてみる。
	発問　命というものの原点，人が生きていくということの原点とは何だろう。	
	・自分の根底には，とてつもなく大きな力が備わっていることを信じて，その力を発揮しようと努めること。 ・一人の力で生きていると思わず，周囲の人々との関わりを大切にし，協力していくことで困難を乗り越えたり，新しいアイデアを生み出したりしていくこと。	●本文中の「あなた自身が自分で自分の命を〜それぞれの命を自力で支え合っているのだ」という部分に着目させる。 ※「原点」という言葉がつかみにくければ，「命とはどういうものか」「人が生きていくということはどういうことか」という聞き方をする。
終末	○ゲスト（出産，子育てを経験された方）の話を聞く。 ○振り返りシートに記入する。	※生徒たちの意見に対する感想を交えながら，話してもらう。 ◇誰のどんな意見が参考になったかを含め，振り返りシートへの記入を促す。

準備物

・ワークシート（事前の宿題として，自分が生まれたときの様子を聞いて書いておく。また，生徒が授業の振り返りで書いたことを保護者が読んでサインできるようにする）
・ゲスト（出産や子育てを経験された方）

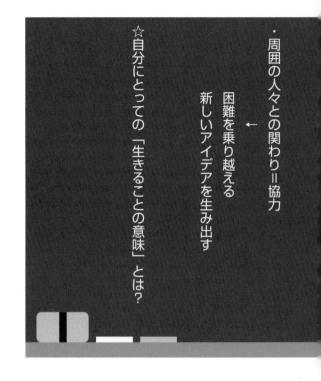

・周囲の人々との関わり＝協力
困難を乗り越える
新しいアイデアを生み出す
☆自分にとっての「生きることの意味」とは？

本時の実際

● 導入

（生徒の家庭環境などに十分配慮した上で）事前の宿題として，自分が生まれたときの様子を聞き，ワークシートに記述してくるようにしました。中には「出産のときの様子をはじめて聞いた」「そんなに大変だったなんて知らなかった」と言う生徒もいました。また後日，保護者の方から「今までなかなか話す機会がなかったからよい機会でした」というご意見をいただきました。

授業では，数名の生徒に発表してもらい，出産が母親にとっても赤んぼうにとっても，命がけの仕事であると確認しました。その共同作業を通して生まれてきた命を大切に生きるとはどういうことかと問い，「生きることの意味を考えよう」という本時のテーマにつなげていきました。

● 展開

教材を読んだ後，すぐに1つめの発問をしました。共同作業のうち，母親の作業の大変さ，偉大さについては，ゲストの話を交えながら十分理解させた上で，ここでは赤んぼうの作業に重点を置いて考えさせました。

教材を読むことで，「赤んぼうの方だって頑張って，命がけで力を振りしぼって生まれてきた」ということは理解できます。でも，もちろん生徒たちはそれを覚えていないのでピンときていません。そこで出産を経験されたゲストの方に，体験談を話してもらいました。「痛みを感じるたびに，赤ちゃんも必死に生まれてこようとしているんだなと感じて，私も頑張って産んであげなきゃと思いました」という話に，「自分も頑張ったんだなあ」と実感をもつことができました。

あなたはすごい力で生まれてきた

テーマ　生きることの意味を考えよう。

ゲスト
○○　○○さん

[場面絵]

○「出産は、母親と赤んぼうの二者の、共同作業である」とはどういうことだろう。
・母親＝一生懸命　赤んぼう＝命がけ

それぞれ力を出し合って命が生まれる

「いきみ」
・赤んぼう…生まれ出ようとする
・母親…押し出そうとする
○命というものの原点、人が生きていくということの原点とは何だろう。

↓

・自分の根底＝とてつもなく大きな力

その力を発揮しようと努める

● 終末

　ゲストの方に、生徒たちが考えた意見に対する感想や、母親の立場から感じることを含めて話してもらいました。「母親は私が産んで育ててあげたと思いがちだけど、私自身が支えてもらっていたんだなと思いました」と話されたとき、生徒たちは自分の命が、かけがえのないものであることを感じました。

　振り返りシートには、「今日の授業を通して、自分の存在がいかに尊いものであるか考えさせられました。私は自分の命を大事にするのと同じくらい、周りの人の命も大事にして生きていこうと思いました」という記述がありました。今後も、幾多の困難にもくじけず、自分の力を信じて、他と協力し合って生きていってほしいです。

　2つめの発問は、じっくりと考える時間をとりました。実際の授業で、生徒たちは次のような意見を述べました。
・命は、もともと自分の中にある「生きようとする力」に、さらに親が力を与えてくれて成り立っているものだと思います。
・生きていくということは、自分の命を精一杯使って生きることで、相手の命も輝かせることだと思います。
・嫌なことやつらいことがあっても、周りの人と助け合えば生きていくことができるということだと思います。

　命そのものがもつ力を感じ、さらに、それぞれの命を大切にしながら生きることが、互いを支えることになると理解しました。

（鈴木）

▶ 内容項目：D－(19)生命の尊さ

いのちって何だろう
生命について考える

掲載教科書：東書, 学図, 教出, 光村, 日文, 学研, あかつき, 日科

ねらい

生命の尊さについて絶えず問い続け，かけがえのない生命を尊重しようとする心情を育てる。

教材のあらすじと活用ポイント

　医師である作者は，中学生の頃，けがや病気のため，部活動を転々とします。中3のとき，マラソン大会で優勝し周囲を驚かせます。このことをきっかけとし，体には滅びていく力も生きようとする力もいろんな力が秘められていると実感します。そんな作者が，「いのちって何だろう」と問いかけ，わからないまま，自分の中にあるいのちに乗っかって生きていってみようと優しく語りかけます。活用のポイントとしては，教材全体からにじみ出る「いのちって何だろう」の問いかけを生徒が自分との関わりで受け止め，考え続けようとするところにあると思います。これまでの自分や現在の自分の中で，達成できた，あるいは不安だったという思いなどを振り返って，自分のいのちをイメージできるようにしたいと考えます。

「特別の教科　道徳」の授業づくりのポイント

　「生命の尊さ」の価値理解のためには，生命そのものに対する理解が必要となります。そのため，生命のもつ多面性に着目し，自分が今ここにいることの不思議さ（偶然性）や生命には終わりがあり失ったら戻らないこと（有限性），生命と生命とはつながり関わり合っていること（連続性）などから考えるようにします。また，生命について多角的に様々な立場で考えるようにします。

評価のポイント

　教材のタイトル「いのちって何だろう」は，生きていく中で今後も問い続けていくものであることを確認し，授業中の発言やワークシートの記述から，生命について多面的・多角的に考えて理解を深めていたか，自分の生命と向き合い，思いを表現していたかなどを評価します。

本時の流れ

	○学習活動	●教師の手だて　◇評価　※留意点
導入	○いのちを見つめて考える。	●漠然とした内容ではあるが，作者からの問いかけとして提示する。 ※事前に調査することも考えられる。
	発問　「いのちって何だろう」の問いかけにどう答えるか？	
展開	○教材を読んで話し合う。 ○感想を述べ合う。	●医者としての作者のプロフィールを紹介する。
	発問　中2のとき，腎炎で入院したぼくは，いのちについてどんなことを考えたか？	
	○意見交流をする。	●病人の立場で自分のいのちを見つめ，死を意識する（いのちは当たり前ではない）「ぼく」に自我関与して考えるようにする。
	発問　ぼくが「いのちは自分の勝手にはならない」と言うのはどうしてか？	
	○3人グループで意見交流した後に，全体で話し合う。	●様々な人の生死を見てきた医者としての立場を指摘する。
終末	○自分のいのちと向き合い，考え，ワークシートに書く。	●「いのちって何だろう」は，これからも問い続ける問いであることを確認する。
	発問　自分のいのちとどのように向き合って生きていこうと思うか？	
		◇記述からいのちへの思いを読み取る。

準備物

- 作者　徳永進さんの画像
- ワークシート

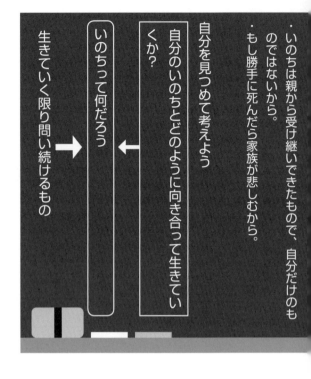

・いのちは親から受け継いできたもので、自分だけのものではないから。
・もし勝手に死んだら家族が悲しむから。

自分を見つめて考えよう
自分のいのちとどのように向き合って生きていくか？

いのちって何だろう

生きていく限り問い続けるもの

本時の実際

🌸 導入

　教材のテーマ「『いのちって何だろう』の問いかけにどう答えるか？」をダイレクトに投げかけてみました。

　ペアトーク中も，生徒たちはかなりとまどっている様子でしたが，「残された時間」「好きなことができる」「親からもらったもの」「なくなったら取り返せないもの」などの答えが返ってきました。

　その後，作者の徳永進さんのプロフィールを紹介して，教材の範読を行いました。

🌸 展開

　教材範読後に，生徒に，気になったところなど感想を問いました。「子供にも死はある」や「自分も無縁じゃないというのが，どきっとした」や「ぼくらがいのちをもらっているって，奇跡って普段はあまり考えない」などの声がありました。

　そこで，「いろいろなところから作者はいのちを見つめているね」と前置きし「中2のとき，腎炎で入院したぼくは，いのちについてどんなことを考えたか？」と問いました。「自分はこのままいのちがなくなってしまうのだろうか」「人のいのちはいつかはなくなってしまう」「早く元気になりたい」「何もないときほど，いのちを考えないものだ」などの意見が見られました。

　そして，「ぼくが，『いのちは自分の勝手に

いのちって何だろう

「いのちって何だろう」どう答える？

なくなったら取り返せない　好きなことができる

親からもらったもの　残された時間

○いのち

徳永さんの画像

徳永 進さんプロフィール
・一九四八年、鳥取県生まれ
・職業　医師　ノンフィクション作家
・二〇〇一年「野の花診療所」（ホスピスケア）を開設

○中二、腎炎で入院したぼくは、いのちについてどんなことを考えたか？
・このままいのちがなくなってしまうのか。
・人のいのちはいつかはなくなってしまうものだ。
・早く元気になりたい。
・何もないときほど、いのちについては考えない。
　↓
・健康なとき

（医師）
○ぼくが「いのちは自分の勝手にはならない」と言うのはどうしてか？
・生まれてきたことが奇跡だから。
・死は誰もが逃れることはできないから。
・患者さんの死を何度も見てきて、医者としてできることの限界を感じたから。

はならない』と言うのはどうしてか？」を問いました。

3人グループで意見交流した後に，全体で話し合うようにしました。「そもそも生まれてきたことが奇跡だから」「死ぬことは誰もが逃れることができないから」「もっと生きたいっていう患者さんの死を何度も見てきて，医者としてできることの限界を感じたから」「いのちは親とかからずっと受け継いできたもので自分だけのものではないから」「もし自分が勝手に死んだら家族とかが悲しむから」などの意見が見られました。

● 終末

導入時に投げかけた「いのちって何だろう」は，生きていく限りずっと問い続けるものであることを確認して，「自分のいのちとどのように向き合って生きていこうと思うか？」を投げかけ，ワークシートに書くよう促しました。「生きていることはいいこと楽しいことばかりではなく，嫌なことやつらいこともあるので，そんなときほど自分のいのちを大切に考えたい」という子どもの記述が印象的でした。

（和井内）

▶ 内容項目：D−(19)生命の尊さ

掲載教科書：東書／学図／教出／光村／日文／学研／あかつき／日科

捨てられた悲しみ
かけがえのない生命

ねらい

ポスターのメッセージとこずえさんの生命に対する思いを共感的に追求することを通して、生きとし生けるものの生命の尊さについて理解を深め、かけがえのない生命を尊重しようとする判断力を高める。

教材のあらすじと活用ポイント

　日本動物愛護協会の「捨てられた悲しみはどこに捨てたらいいですか？」というポスターから始まる話。犬猫の殺処分をする施設に勤めているこずえさんは、殺処分が決まっている犬が弱って食事が食べられないときに親身に世話をします。

　ポスターの「ペットは、おもちゃやファッションではありません。飼わないことも愛情です」といったメッセージとこずえさんの生命に対する思いを追求することによって、生命の尊さについて考えを深めさせていくことができる教材です。

「特別の教科　道徳」の授業づくりのポイント

　本教材では、犬猫の殺処分という人間の身勝手な都合のために失われる生命について考えさせ、生命の尊さについて考えを深めていきます。生徒に主体的に関わらせるために、はじめにポスターに込められたメッセージを生徒一人ひとりがどう受け止めたかを発表させ、問題点を整理していきます。その上で、最後まで親身に世話をするこずえさんの思いに共感させます。そして、人間がペットを飼うことの是非を問い、ペットを飼う意味とその問題点について考えさせ、生きとし生けるものの生命の尊さについて考えを深めていきます。

評価のポイント

　まずは、殺処分の問題点を多面的・多角的に考えることができるか、友達の考えに触れて自分のものとできるかがポイントになります。そして、自分のこととして考えているかが評価のポイントとなります。次に、こずえさんの生命に対する思いを自分のこととして考え共感的に捉えているかを評価します。

本時の流れ

	○学習活動	●教師の手だて ◇評価 ※留意点
導入	発問　ポスターを見た感想を発表しましょう。	
	○「捨てられた悲しみはどこに捨てたらいいですか？」のポスターを見て，感想を話し合う。	●ポスターを黒板に貼り，教材の1ページ目を読む。感想を出させながら，殺処分の問題点を整理していく。 ※流れの中で「飼わないことも愛情です」の意味を考えさせる。 ◇多面的・多角的に考えているか。
展開	発問　こずえさんはどんな思いで最期まで犬猫の世話をしているのでしょうか？	
	○最期まで犬猫の世話をするこずえさんの思いを追求する。	●こずえさんの思いを共感的に捉えさせる。 ◇自分のこととして考えることができたか。
	発問　人がペットを飼うことをどう思いますか？	
	○人がペットを飼う意味と，問題点を考える。 ○4人組で話し合う。	●ペットを飼う是非を考えさせ，ペットを飼う意義と問題点を整理する。 ●意見交換により多面的・多角的な考え方に発展させる。 ※話し合いの後はグループの意見をまとめさせない。全体への発表は個人で行う。 ◇人がペットを飼う理由と問題点を多面的・多角的に考えることができたか。
終末	○「いつか冷たい雨が」を聞いて，ワークシートに「今日の授業で学んだこと・これから意識したいこと」を記入する。	●楽曲「いつか冷たい雨が」(イルカ)を聞かせてから本時の感想を書かせる。 ◇自分の問題として捉えているか。

準備物

・ワークシート

・ポスター

本時の実際

🍀 導入

　導入では、「これは動物愛護協会がつくったポスターです」と言って、ポスターを見せて教材の1ページ目を読みました。ポスターに書かれていることも確認して、感想を聞きました。生徒は「自分は猫を飼っているけど、殺すなんて想像がつかない」「飼い始めたペットを殺すなんて勝手すぎる」などと感想を述べました。

　「『飼わないことも愛情です』とはどういう意味でしょう」と問うと、「ペットのことを思うなら無理に飼わない方がよい」「飼うことでペットを不幸にするのなら、飼わない方がペットのためになる」などと反応がありました。

　「では、教材の続きを読みましょう」と言って、教材の続きを読みました。

🍀 展開

　教材を読んだ後「こずえさんはどんな思いで最期まで世話をしているのでしょうか？」と発問しました。

・せめてできるだけのことをしてあげたい。

・人間の勝手でこんな目に遭わせてごめんなさい。

・こんな目に遭わせた飼い主を責める気持ちもあると思う。

・かわいそう。本当は、こんな殺処分される動物をなくしたい。

などの反応がありました。

　「いろいろな思いがあるのですね。では、そもそも、人がペットを飼うことをどう思いますか」と発問しました。

　話し合い後、席を元に戻してから発表させました。

　　　　　　　　　　　　　　　　　　　動物愛護協会の
　　　　　　　　　　　　　　　　　　　　ポスター

○人がペットを飼うことをどう思いますか？

【肯定】
・動物が好き　癒される　かわいい
・人は愛情を注いでいる　ペットも楽しい
・一緒に生きていく
・飼う人の責任
・同じ生命

↔

【否定】
・人間の都合は勝手
・人間だけが楽しむ

○どんな思いで最期まで世話をしているのでしょう？
・せめてできるだけのことをしてあげたい
・人間の勝手でごめんなさい
・飼い主を責める気持ち
・かわいそう　殺処分をなくしたい

【肯定意見】
・動物が好きだから一緒にいると癒される。
・ペットはかわいい。

【否定意見】
・人間の都合で生き物を飼うのは勝手だ。
・人間だけが楽しむのはおかしい。

などの両方の意見を出させた後,「どう思いますか」と投げかけ,

・人はペットに愛情を注いでいるし,ペットも楽しんでいるはず。(肯定意見)
・人間の都合でいらなくなったら殺していいことにはならない。(否定意見)
・ペットは人間と一緒に生きていくしかない。
・ペットを飼う人も責任をもたなければいけない。
・人間もペットも同じ生命だ。

などの意見が出ました。

●終末

終末では「この曲は私が中学生のとき,はじめて聞いて,涙を流したものです」と紹介して,楽曲「いつか冷たい雨が」を聞かせました。生徒たちは曲に聞き入っていました。

曲が終わった後,余韻を大切にしながら,「今日の授業で考えたことやこれから意識していきたいことを書いてください」と促しました。

・ペットを飼うということは,生命を預かる責任があることを改めて感じた。
・これからも自分はペットと家族のように一緒に生きていきたいと思った。
・ペットだけでなく,人間は動物や植物の生命をいい加減にしてはいけないと思った。
・人間の勝手で死ぬ命があってはならない。

などの反応を得ました。

(小貝)

▶ 内容項目：D−(20)自然愛護

桜に集う人の思い
自然とのつながりを考えよう

掲載教科書：東書／学図／教出／光村／日文／学研／あかつき／日科

ねらい
桜の植樹を巡る様々な人々の思いから，人の営みがつくり出した自然の美しさに触れたり親しんだりして自らの心を豊かにする心情を養う。

教材のあらすじと活用ポイント

　桜に対する様々な人々の思いをつづった文章です。最初は「桜守」の佐野藤右衛門さんの話。続いて3.11東日本大震災の後，津波到達地点に「浪分桜」を植樹する「はなはなプロジェクト」の話。そこから「鎮魂と希望のエリア」「桜ライン311」「ふくしま浜街道・桜プロジェクト」と続きます。それぞれ，桜を植樹することで東日本大震災で被災した人々に災害に負けずに生きることを訴え，このことを後世にも伝えようと，声をかけ合い手を取り合って活動していきます。なぜ桜なのか，どんな思いを込めて植樹していったのか，人が生きることと自然との関わり方について考えることができる教材です。

「特別の教科　道徳」の授業づくりのポイント

　桜に込められた思いがポイントです。なぜこんなにあちこちで植樹の気運が盛り上がったのか。なぜ桜なのか。それぞれの人々はどんな思いで植樹に携わったのか。桜に対する日本人がもつ一般的な思いを振り返り，それが東日本大震災という天変地異に対する畏怖や悲しみ，絶望，それが恐らくそれでも生きなければならない明日への思いなどと重なり合って，植樹運動につながっていったことを多面的・多角的に考えさせ，藤右衛門さんの「桜いうのは，その木の周りに住む人たちの心遣いで生きてきた」という言葉の重みにも触れて，考えを深めます。

評価のポイント

　生徒の発言や記述内容，発表や取り組む様子などから，東日本大震災後の桜を植樹する人々の取り組みを共感的に捉え，身近な自然に触れ心を豊かにしようとする営みについて考えが深まる授業となっていたかを評価します。

本時の流れ

	○学習活動	●教師の手だて　◇評価　※留意点
導入	○桜の写真を見る。	●桜を見たことがある場所について尋ねながら，そのときの印象を聞く。 ※簡潔に触れ，あまり時間をかけない。
	発問　どこで桜を見たことがありますか。	
展開	○教材の範読を聞く。 ○ストーリーをつかむ。	●生徒の発言を利用して教材の骨組みをつかませ，考えるポイントを明らかにしていく。
	発問　「桜守のはなし」で大切だと思うところ1箇所に線を引きなさい。	
	○佐野藤右衛門さんの桜に対する思いを考える。 ○線を引いたところと，そこを選んだ理由を発表する。	●線を引く箇所を1箇所に限定することで，なぜ他の場所に比べてそこが大切なのか考えさせる。発言させるときは，線を引いた箇所とそこを選んだ理由を両方述べさせる。
	発問　苦労を乗り越え桜を植樹した人々にはそれぞれどんな思いがあったのでしょう。	
	○桜に込められた願いを考える。	●それぞれの活動ごとに分けて板書していく。 ●主題に迫るために，いろいろ活動を妨げるようなこともあっただろうに，なぜそこまで活動が広がったのか，なぜそこまでして植樹しようとするのか，なぜ桜なのか，そこまでしなくてもいいではないか，などと疑問を投げかける。答えが出なくてもよい。 ●藤右衛門さんの「桜いうのは，その木の周りに住む人たちの心遣いで生きてきた」という言葉に触れる。
終末	○板書を見ながら，本時の授業を振り返る。	●できるだけ生徒の言葉（意見）で余韻をもって終わるようにする。
	発問　人の手によって植えられ自然の中で風雨に打たれて生きる桜に人々はどんな思いを抱くのでしょう。	
	○ワークシートに記入する。自己評価についても記入する。	◇記入する様子をしっかり見ておく。

準備物

・花の咲いた桜の木の写真
・ワークシート

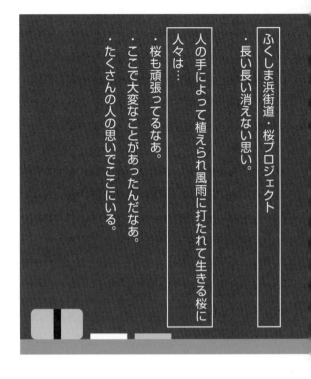

・ふくしま浜街道・桜プロジェクト
・長い長い消えない思い。
人の手によって植えられ風雨に打たれて生きる桜に人々は…
・桜も頑張ってるなあ。
・ここで大変なことがあったんだなあ。
・たくさんの人の思いでここにいる。

本時の実際

●導入

今回は，まず何も言わずに花の咲いた桜の木の写真を黒板に貼りました。これしかありません。桜，というだけで何かを感じる，もしくは何も感じない生徒がいても，桜から何かを感じるということを話題にする，それがこの授業ではまず意味があると思いました。

私の一言目は「これは何でしょう」，すかさず生徒から「桜！」，すぐに私も「何でわかるの？」すると生徒は何を今さら，といった感じで「見たことあるし」そこで「どこで？」と聞き返し，いくつか場所を出させた上で，「桜の名所ってどこだか知ってる？」「桜は手がかかるんだよ」と投げかけて，「じゃあ，今日は桜の話だ」と言い，導入は終わりました。

●展開

教材を範読した後，人間と自然との関わり，という視点を与えるために，まず佐野藤右衛門さんの「桜守のはなし」について考えさせました。

まず大切だと思うところ1箇所に線を引かせました。指名してその場所とそこを選んだ理由について述べさせ，佐野藤右衛門さんの桜と人間との関わりについての考えを読み取らせ，考える視点をつくっていきました。

ある生徒が選んだところは「残りの三百六十日が桜にとっては大切」，選んだ理由は「目立たないことも大切だと思ったから」，他の生徒が選んだところは「桜はかまいすぎてもあきません」，選んだ理由は「桜も甘やかさない方がいいと思ったから」でした。

その後，何人か指名して発表させ，中心発

桜に集う人の思い

- どこで桜を見たことがあるか。
  ・公園
  ・川べり
- どんな話？
  ・震災の後、桜を植える話。
- 「桜守のはなし」で大切だと思うところ一箇所に線を引きなさい。
  ・残りの三百六十日が大切。
  ・桜はかまいすぎても…目立たないことも大切。桜も甘やかさない方がいい。
- 苦労を乗り越え桜を植樹した人々にはそれぞれどんな思いがあったのでしょう。
  ・はなはなプロジェクト
  ・祇園の桜でみんなを元気に。
  ・津波の恐ろしさを忘れない。
  ・鎮魂と希望のエリア
  ・運河を桜で華やかに。
  ・少しでも早い復興を。

● 終末

最後は植樹された桜を見た人たちがどんな気持ちになるかを想像させました。ただし、ただ「きれい」とか「震災を思い出す」とかだけで終わらせたくありません。植樹された桜は人々が願いを込めてそれぞれの場所に植えたものです。そこで雨に打たれ、風にも吹かれ、長く咲くには人の助けも必要で、そういういろいろな関わりの中で生きる。人も桜もただ生きているのではない。そういうことを考えさせるために「人の手によって植えられ自然の中で風雨に打たれて生きる桜に人々はどんな思いを抱くのでしょう」と発問しました。そして余韻を残すようにして授業の振り返りをさせました。

問で植樹した人々の思いについて問いました。

桜が育つためには人の手が必要で、完全に野生ではありません。だからこそ自然と関わり自然と共に歩む感覚が生まれるのかもしれません。自然の力強い生命力を感じるのもそのためかもしれません。そんなことを頭に置きながら、生徒と対話しました。

何人かの生徒が「被災した人たちに元気になってほしいという思い」と答えたので、「桜のどこがみんなを元気にするんだろう」と問い返したところ、「美しいところ」「みんなが好きだから」という意見が出たので、「でも桜って手がかかるんだよ」と切り返したところ、「そこがいい」「ペットみたい」「手をかけていると手をかけている自分が元気になる」などの意見が出ました。

(海老沢)

▶内容項目：D－(21)感動，畏敬の念

オーロラ
ー光のカーテンー
自然の美しさ，壮大さに気づく

掲載教科書：東書／学図／教出／光村／日文／学研／あかつき／日科

> **ねらい**
> オーロラの魅力にとりつかれた主人公の気持ちを考えることで，圧倒的な自然の偉大さ，美しさを考えるきっかけとする。

教材のあらすじと活用ポイント

　15年前に一度オーロラを見て以来，毎年のようにカナダのイエローナイフを訪れている主人公。今回もマイナス30度を超す厳寒の中，夜中の12時頃に「出た！　オーロラだ！」と叫び声が上がる。上空に降り注ぐ，光のカーテン。いきなりのドラマチックな光に声も出ない。仰向けで，そんなふうに上空いっぱいに広がるオーロラを見ていると，その光のかなた，宇宙に吸い込まれていくような不思議な感覚に包まれ，ずっと空を見上げるのだった。最後の一文，「空を見上げ続けていた」の部分を考えさせるだけで，オーロラの美しさ，偉大さを感じるきっかけになります。心情の変化を追わずにシンプルに扱うのが活用のポイントです。

「特別の教科　道徳」の授業づくりのポイント

　本教材で，「オーロラに感動している主人公（私）」から「オーロラの壮大さ，美しさ」について十分考えさせた後，「でも，人間がつくったものにも『美しいもの』ってたくさんあるよね？　どう違うのかな？」と「問い返し」を入れると，思考が深まります。人工のもの，自然がつくり出したもの，どちらがいい，ということではなく，その違いを考えさせることが大切です。また，その際は，「オーロラ」に限定するのではなく，「星空」や「海」など，自然がつくり出した他のものにも話を広げてあげると，生徒たちは意見をもちやすいかもしれません。

評価のポイント

　ワークシートや授業中の発言などを基に，人間がつくり出せない「自然の美しさ」「偉大さ」「神秘」などについて，自分の体験も含めて，多面的に考えることができる授業になっていたかを評価します。その後，その内容を学級全体で共有していくことが望ましいと考えます。

本時の流れ

	○学習活動	●教師の手だて ◇評価 ※留意点
導入	○「畏敬の念」について考える。 発問　みんなが，すごいなあ，かなわないなあと思うものは何か。	●板書後，近くの人と交流させ，数人指名する。
展開	○教材を読む。 発問　「私」が「空を見上げ続けていた」のはなぜか。 ○意見交流する。 ○オーロラの動画を視聴する。 発問　人間がつくった「すごいもの」「美しいもの」と比べて，自然の「すごいもの」「美しいもの」はどう違うのだろう。 ○意見交流する。	●オーロラの美しさ，壮大さ，神秘性などについて，生徒の口から言わせる。 ●意見をたくさん言わせた後，「でも，人間のつくったものでも美しいものとかきれいなものとかはたくさんあるよね，どう違うのかな」と問い返しをする。
終末	○地球の不思議について知る。 ・地球の酸素濃度が，人口がどれだけ増えても20.95％で保たれていること。 ・地球上に30億年前から水が存在すること。 発問　みんなが，100年後の人類にも残してあげたいものは何か。 ○意見交流する。	◇ワークシートにこの授業で学んだこと，考えたことを記入させる。

準備物

- ICT 機器
- ワークシート

```
畏敬の念

おそれおおい　近づきがたい　かなわない

フェラーリ
お母さん
サッカーシューズ
```

本時の実際

● 導入

　まず，「畏敬の念」と板書し，「みんなには，おそれおおいもの，近づきがたいもの，かなわないもの，ってありますか」と問いかけました。

　隣の人と交流した後，車が大好きな子は，大好きなスポーツカーのことを話しました。

　サッカー部のある子は，「サッカースパイク」と答えてくれました。自分の大切なものだから，汚したくない，という考えでした。「そうか…そんなに大切なんだね」と話しました。

● 展開

　教材「オーロラ―光のカーテン―」を範読しました。

　範読後，最後の「空を見上げ続けていた」に注目し，「なぜ凍えるような寒さの中，空を見上げ続けていたのだろう」と考えさせました。

　生徒からは，「今まで見たオーロラよりもすごかったから」「宇宙に吸い込まれそうな気持ちになった」「きれいで，見ているうちに不思議な気持ちになった」などの考えが挙げられました。

　ある程度出てきたところで，「でも，きれいなもの，すごいものは人間のつくったものでもあるよね。例えば文学とか建築とか映画とか。では，人間がつくった『美しさ』『すごさ』と自然の『美しさ』『すごさ』はどう

> みんなが100年後の人類に残したいものは何ですか？
> 友情　水　希望　動物　植物　平和　失ってはいけないもの　　自然をそのままの形で残したい

> 課題2　人間がつくったものの美しさ、すごさと自然の美しさ、すごさはどう違うのか
> 人工　変わらない　必要　生み出せる　　　予測がつかない　　考えおよばない
> 二度と同じ形がない　必ず見られるわけではない　人間じゃ無理!!　奇跡!!

> 課題1　空を見上げ続けていた
> 見続けたかった　　　　　　　　きれいだった　　　　　このまま包まれていたい
> 今まで見たものよりもすごかった　不思議さ　　　　　　気にしなくてよい
> 宇宙に吸い込まれそう　　　　　　圧倒された
> 　　　　　　　　　　　　　　　　停電のときの星空

違うのだろう」と，問いかけました。

ここで，オーロラの動画を視聴し，その後ワークシートに自分の考えを書き，生徒の発表の時間をとりました。

「人工のものは，必要があれば生み出せるけど，自然にあるものは，人間の都合では生み出せない」「自然界のものは，人間には考え及ばないレベルのものだと思う」「自然にあるものは，人間にはどう頑張ってもつくり出せないスケールのもの」「もう二度と見ることができないかもしれない。行ったって見ることができるとは限らない。奇跡みたいなもの」などの意見が出ていました。

● 終末

ちょうど，「奇跡」という言葉が出たので，地球の大気中の酸素濃度は，地球の人口がどんなに増えても，なぜか20％前後に保たれていること，そして，氷になったり逆に干からびることもなく「水」が存在すること，などの「地球の奇跡」について話しました。

最後に，「100年後の人類に残したいもの」について考えさせました。生徒たちは，「生きもの・植物」「水」「動物たち」「人類が生きられる環境」「みんなが安心して暮らせるような生活環境」などの言葉を書いていました。なかには，「今の地球にある自然を壊さないようにして，そのままの形でずっと残していたい。100年後生きている人にも，自然の美しさを感じてほしいから」という言葉もありました。

(東)

▶ 内容項目：D−(22)よりよく生きる喜び

銀色のシャープペンシル
よりよい生き方について考えてみよう

掲載教科書：東書／学図／教出／光村／日文／学研／あかつき／日科

ねらい
自分の中にある弱さや醜さを自覚し，人間として気高く生きようとする心を奮い立たせることで，自分に恥じない生き方を実現しようとする心情を育てる。

教材のあらすじと活用ポイント

　自分を正当化するためにうそをつくことで自分を納得させた主人公が，素直に自分の非を認めて詫びる友人の姿に触れることで，自分の「ずるさ」に気づき自分の中にある弱さや醜さを認識することになります。良心に目を向けさせることにより，自分を奮い立たせて自己の弱さに打ち勝つことでこそ自分に恥じない生き方が実現できるということについて深く考えることができる教材です。

「特別の教科　道徳」の授業づくりのポイント

　本校の「授業の心得３か条」①友達のために発言しよう，②友達の意見から学ぼう，③学んだことを友達に伝えよう，を意識した授業展開にします。友達の意見に対して自分はどう考えるか思考させます。自分の中になかった考えや，なるほどと思ったことはワークシートに書き込ませます。友達の意見や考えから自分が学んだことを振り返らせます。その根拠も記入させます。机間指導で本時のまとめとなる意見を見つけ，意図的な指名により発表させ授業のまとめとします。

評価のポイント

　授業中の発言やワークシートへの記入から，人は誰もが弱さや醜さをもっていることを理解し，それを乗り越えて自分に恥じない生き方をしようとする考えをもっているか，また，自分の中になかった考えを書き込んだり，友達の意見に対して自分の考えを語ることにより，思考の幅を広げたり，より深く考えることができているかを，展開や振り返り場面で友達から学べた授業であったかを評価します。

本時の流れ

	○学習活動	●教師の手だて　◇評価　※留意点
導入	○事前（宿題）に教材を読んで，自分がみんなで話し合いたいと思った場所とその理由を発表する。	●全員起立させておいて場所と理由を短時間で発表させる。同じ場所を選んだ人がいたときに座る。 ※選んだ根拠を発表させる。同じ場所でも根拠が違う場合はその理由を発表させる。
展開	○出された話し合いたい場所と，みんなで話し合いたいと考えた理由を確認し，本時で話し合う場所を意見交換しながら決定する。 ○それぞれから出された場所の話し合いたい理由を聞き，自分の考えを発表する。 ○自分の中になかった考えやなるほどと思ったことをワークシートに書き込む。また，友達の意見についてどう思うのか考える。	●他の場面を選んだ意見を尊重しながら，中心発問と決めていた場面である，主人公が自分の弱さに気づき，「ゆっくりと向きを変えると，卓也の家に向かって歩きだした」場面が話し合う場所になるよう意識して意見交換させる。（意図的な操作が必要） ※他の場面を選び，話し合いたいと考えた理由は，主発問を考えさせるための基本発問・補助発問として活用し，中心発問に時間をかけ語り合わせる。 ※あらかじめ予想される「話し合いたい場面」を短冊に書いておき，出されたら貼る。
	発問　「ぼく」を卓也の家に向かわせたものは何？	
	○「ぼく」の心の葛藤と揺れに共感し，「ぼく」の決意について考える。 ○よりよい生き方とはどういう生き方なのか考え，ワークシートに記入する。	●机間指導で本時のねらいに迫る意見を見つけ，意図的な指名で発表させ，全体でその意見について語り合わせる。ペアでの語り合い活動を取り入れる。（座席表の活用）
終末	○誰のどのような意見がよかったのか考え，その理由を書く。 ○この授業を受けて感じたことや考えたことを書く。 ○教師からの指名で，誰の意見がよかったのか・感想や感じたことを発表する。（2名）	◇机間指導で，誰のどのような意見を取り上げるのか，どの順番で指名し発表させるのか決める。（座席表に記入し意図的な指名の実施） ※普段スポットライトが当たりにくい生徒の名前を探し，全体に紹介する。（自尊感情の向上） ◇本時のまとめとなる感想を見取り，全体に紹介するために発表させて授業を終わる。（教師からの説話は行わない）

準備物

- 予想される「話し合いたい場面」を書いた短冊（7枚）
- ワークシート
- 座席表

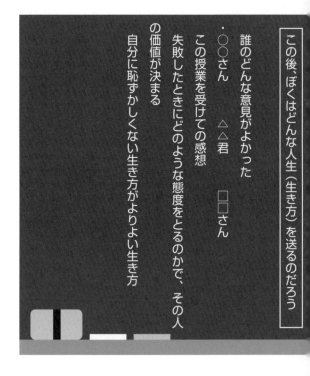

本時の実際

🌀 導入

「授業の心得3か条」
①友達のために発言しよう
②友達の意見から学ぼう
③学んだことを友達に伝えよう

を意識した授業展開にするため，教室の前面に貼ってある3か条を確認させました。

事前（宿題）に教材を読んで，みんなで話し合いたいと思った場所とその理由を考えて授業に臨んでいるので，全員起立させておいて場所と理由を短時間で発表させました。同じ場所を選んだ人がいたときに座るよう指導しました。また，同じ場所でも根拠が違う場合はその理由を発表させました。

🌀 展開

みんなで話し合いたいそれぞれの場所について理由を考え発表させました。

自分の考えと友達から学んだことをワークシートに書き込むよう指導しました。

準備していた短冊を，黒板に貼りながら，考えたことを発表させました。

指導者の意図に近い理由となるほどと思わせる意見をキーワードとして板書しました。

ぼくの心の弱さを考える場面では，「このくらいのこと」「後で返せばいい」という発言を取り上げました。

卓也とぼくの違いと心の揺れを考える場面では，「卓也は誠実」「自分は卑怯・ずるい」という意見を取り上げ卓也の心とぼくの心を対比させて考えるようにしました。

そして「卓也の素直な気持ちが，ぼくの心

銀色のシャープペンシル

テーマ【よりよい生き方について考えよう】

- 拾ったペンを自分のものにしてしまった
  - このくらいのこと　返せばいい
- なぜ卓也は素直に謝れたのだろう
  - 卓也は誠実
  - 卓也からの電話で、顔が真っ赤になったのはなぜ
  - 恥ずかしい　・後悔
- どうして、ずるいぞという声が聞こえてきたのだろう
  - 良心の呵責
  - 誰に対するずるい？
  - 自分自身と周りの人たち

中心発問　「ぼく」を卓也の家に向かわせたものは何？
- 自分が卑怯に思えたから
- 耐えられなくなった
- 恥ずかしい　自分をごまかさない　正直
- 心の中をすっきりさせたい
- 弱い自分を変えなければ

すべての星が自分に向かって光を発しているように感じたのはなぜ
- 晴れ晴れ　・もやもやがすっきり　・励まし（これから頑張れ）

● 終末

　机間指導を行い，それぞれの記入内容を把握しました。誰の意見で学べたか，書かれている生徒の名前と内容を紹介しました。

　振り返りの感想では，机間指導で本時のねらいに近い感想を書いている生徒を２人見つけ意図的な指名で発表させてまとめとしました。「失敗したときにどんな態度をとるかで，その人の価値が決まる」「自分に恥ずかしくない生き方が，よりよい生き方だと思う」という発言に，拍手と「なるほど！」というつぶやきが出たところで授業を終えました。

　授業後「後ろめたいことがあれば心がもやもやするね」「すっきりするためには認めなくちゃいけないのよね」「でもなかなかできんよね」「そうそう」と話しながら廊下に出る２人の女子の姿がありました。　　　　（谷内）

を揺れさせることになった」ことを捉えさせて中心発問に向かいました。

　自分の弱さを自覚し卓也の家に向かって歩き出そうと決心したことについて考える場面では，「自分に恥ずかしい」「耐えられない」「すっきりしたい」「自分を変えようと決意した」という意見を板書し，自分に恥じない生き方を実現しようとするぼくの心の動きに共感させながら「よりよく生きること」について考えさせました。

　最後に，本時で考えたことと友達から学んだことをワークシートに書き込ませました。

▶ 内容項目：D−(22)よりよく生きる喜び

いつわりのバイオリン
弱さの克服

掲載教科書：東書　学図　教出　光村　日文　学研　あかつき　日科

ねらい

それぞれの人がもつ弱さや醜さを認めつつ，それらに負けず，気高く生きようとする強い心があることを理解し，自分の中で人間として恥じない生き方を見いだそうとする道徳的心情を育てる。

教材のあらすじと活用ポイント

　その昔，ドイツのブレーメンで手づくりのバイオリンづくりに励んでいた男がいました。彼のもとには各地から弟子たちが集まってきました。10年の歳月が流れ，バイオリンづくりが円熟し，その力を認める弟子が育ちました。男から認められたことを誇りとし，弟子はますますバイオリンづくりに熱が入っていきます。あるとき，世界的に著名なバイオリニストからバイオリンづくりを依頼された男は…。

　教科の学習，学級の係や委員会活動，部活動などに熱心に取り組む生徒。それらは決して簡単に取り組めるものではありません。ときにはうまくいかず，悩んだり，投げ出そうとしたりすることもあります。そんなとき，自分を素直に見つめ，決して手抜きをしないで目標の実現に向けて小さな一歩を踏み出す心情を育てたいです。

「特別の教科　道徳」の授業づくりのポイント

　本教材に描かれた腕のよいバイオリン職人が信頼を得るために取った行動。生活する中で物事がうまくいかないことがあります。そのとき，どうするか。グループで話し合う中で，うまくいかなかった自分を認め，その後の行動を改善していこうとする意識を育てたいです。

　最後に教師の体験談を説話として話し，生徒が自分ならうまくいかないときどうするか考えさせることで，この時間のねらいにある道徳的価値を自分のこととして考えられます。

評価のポイント

　記入した振り返りシートを基に，それまでの自分の弱さを認め，それにどう向き合っていくかに気づける授業だったかを評価します。

本時の流れ

	○学習活動	●教師の手だて ◇評価 ※留意点
導入	○運動会や文化祭などの行事や部活動，授業への取り組みなど，扱う時期に該当するものへの取り組みを振り返る。	●身近な学校生活や行事を振り返らせる。 ※単なる感想に終わらせず，学級や個人の課題につながる発表にする。
	発問　これまでの学校生活への取り組みはどうだった？　これからの課題はある？	
		※「これまでの学校生活」の部分は運動会などの行事や部活動や授業でもよい。
展開	○教材を読む。	
	発問　フランクがロビンのつくったバイオリンを，自分がつくったようにしてシールを貼り替えてバイオリニストに渡したことに気づいたのに，なぜロビンはその後も黙々とバイオリンづくりを続けたのだろう？	
		●黙々とバイオリンづくりに集中するロビンになったつもりで考える。
	発問　弟子のつくったバイオリンをバイオリニストに渡したフランクのことをどう思う？　また，君ならどうする？	
	○グループ（3〜4名）で話し合う。	●いくつかのグループに発表させる。 ●期限が守れない場合，バイオリニストに謝っても許してくれないことも予想されるので，ロビンの取った行動を批判する者が多い場合は，「期限が守れないと職人としての信頼を失うのでは？」という質問をする。
	発問　フランクはロビンにどんな手紙を書いただろう？	
	○グループ（3〜4名）で話し合う。	●いくつかのグループに発表させる。
終末	○教師の説話を聞く。 ○振り返りシートに記入する。	●教師の体験談として，自分の弱い気持ちに負けてしまったときのことを話す。 ※単にフランクやロビンのことを第三者的に捉えるのではなく，自分に置き換えて考えを書かせる。

準備物

・振り返りシート

期限を守らないと職人としての信頼は？

本時の実際

🍥 導入

　道徳の時間は学校生活のすべてが関連しています。また，人は皆，強い心や美しい心をもつ一方で，弱く，醜い心ももっています。

　まず，これまでの学校生活を振り返り，各種行事や部活動，授業への取り組みなどで頑張ったことと同時に課題を挙げさせました。

　数名に発表させると，運動会の団体競技で協力して練習し，本番に臨んだことや，部活動で先輩たちに負けないように練習に励んだことなどが挙がりました。

　一方で，テストの点数がやや低く，あまり家庭学習に取り組めていないことや部活動でも実力があまり伸びていないことなどを挙げた生徒もいました。

🍥 展開

　教材を読んだ後，まず1つめの発問をしました。「ロビンにとってフランクは師匠なので文句は言えない」「ロビンは自分がつくったバイオリンで人々が喜んでくれることだけで満足」などの考えが出ました。ただ，「自分なら師匠に文句を言う」という考えも出ました。

　そこで，次の発問をし，3～4名のグループで話し合わせました。「師匠失格！」「ずるい！」という考えが多かったので，自分ならどうするかをさらに聞きました。すると，「自分なら約束の日までにつくることができなかったら，バイオリニストに謝る」という考えが出たので，「それでは職人としての信用を失うのでは？」と聞くと，そこから考えが出なくなりました。

弱さの克服

いつわりのバイオリン

これまでの学校生活
- 運動会　長縄跳び　協力して練習
- 部活動　先輩に負けないぞ
- テストの点数が……
- 家庭学習が……
- 部活動　実力が……

師匠に文句は言えない。
人々が喜んでくれれば満足！
文句あり！
勝手に使うな！

ずるい！
師匠失格！

［場面絵］　［場面絵］

　道徳の授業では明快な答えが出ないことがあります。それは決して悪いことではありません。人生の中でどんな選択をするかで悩むことはあります。特に自分の弱さや醜さを感じたとき，すぐに改善できれば簡単です。そうはいかないところに人生の機微があります。

　少し時間をおいてから，フランクはその後ロビンにどんな手紙を書いたかを聞きました。「君のつくったバイオリンを勝手にバイオリニストに売ってしまい，申し訳ない」という謝罪の言葉に加えてバイオリンの代金に謝礼金を加えてロビンに渡したという考えも多くありました。

● 終末

　教師の体験談として，大学時代に空手の全国大会に向けた合宿で，練習のつらさに耐えきれず，途中で足首を捻挫したと嘘をついて練習を見学したことを話しました。全国大会には出場し，団体戦のメンバーには入ったものの，弱い自分の心に負けたことをずっと情けなく思っていることも伝えました。

　その後，振り返りシートに考えたことを書かせました。「自分は弱い気持ちには負けない」という生徒もいましたが，「どうすればいいか悩むことはこれまでにもあった。すぐに答えは出ないかもしれないけど，どうすれば恥ずかしくないかを意識して行動する」と書いた生徒もいました。

（林）

3章

中学1年通知表の記入文例集

※3章で取り上げている各文例は，大くくりなまとまりを踏まえた評価をする中で，その具体例として「特に成長の姿が見られた授業」の様子を，生徒や保護者にわかりやすく伝えようとする内容となっています。

1学期の記入文例

Aの視点に関わる文例

●特に「裏庭でのできごと」の授業では，道徳で大切にしようとする価値への理解を深め，「自分がやったことに責任がもてるか，うそをついてしまわないか，自分を重ねて考えてみると，難しいなと思いました」と書くなど，よく生きることの難しさを実感しながら，自分との関わりも含めて考えていました。

●特に「裏庭でのできごと」の授業では，「自分が見られていないところで悪いことをしても，怒られることはないけれど，正直に謝りに行ったりするのが大切で，自分はできていないと思った」と書くなど，自分との関わりも含めて考えていました。実現の難しさを自分のこととして捉えていました。

●特に「裏庭でのできごと」の授業では，学んだことを自分とつなげ，これからの生き方について考えが深まっていました。「怒られるから，とかではなく自分に正直になった方がいいと思った」と書くなど，自分勝手なことをすると，周りがどう思うかなど，自分自身に置き換えて考え，理解しようとしていました。

●特に「イチローの軌跡」の授業では，個性を伸ばす大切さから，「メジャーリーグへの挑戦を成功させたのが，誰とも違う『イチローらしさ』だと知り，プラス思考の大切さを知りました」と書くなど，広い視野から多面的・多角的に考え，自分を認める強さ，大切さなどの価値を大事にする意欲を学ぶことができていました。

●特に「イチローの軌跡」の授業では，普段の自分と教材の人物を比較しながら，「自分流を貫くイチローはかっこいいけど，それって本当はとても大変な思いをするんじゃないかと思う。それでもやり通し，結果を出すことができたイチローはすごいし，尊敬する」と書くなど，多面的・多角的な見方で教材を捉えていました。

●特に「小惑星探査機『はやぶさ』の挑戦」の授業では，強い意志をもって努力した人々から，「絶対無理と考えられることに挑戦を成功させたのは，意志の力だった」と書くなど，努力やあきらめないことの力の大切さを実感し，自分との関わりも含めて考え，実践していこうという意欲をもてていました。

1学期の記入文例

Bの視点に関わる文例

- 特に「バスと赤ちゃん」の授業では,「赤ちゃんを抱いているお母さんの大変さを知って,そんな人への優しさの大切さを知りました」と書くなど,困った人への配慮や愛情の大事さを実感するとともに,授業で学んだことを普段の自分との関わりも含めて考える習慣をつけていました。
- 特に「バスと赤ちゃん」の授業では,道徳で大切にしようとする価値への理解を深め,自分を見つめ直していました。「普段何も考えずに電車に乗っています。これからは周りを見て行動したいと思いました」と書くなど,学んだ教材と普段の自分との関わりも含めて考える大切さを学んでいました。

- 特に「吾一と京造」の授業では,「友情が大切でも,遅刻をしないでいようという吾一の行動も間違っていないと思う」と書くなど,道徳の授業を通して,様々な立場があることを知り,深い理解を目指した議論を深めるなど,広い視野から多面的・多角的に考え相互理解の精神を大切にしていました。
- 特に「吾一と京造」の授業では,「はじめ,秋ちゃんを迎えに行かない吾一をひどいと思ったけど,あとで苦しんでいる姿から,単純にひどいと言えないなと思いました」と書かれていることから,いろいろな視点をもって考えることの大切さ,すぐに決めつけないことなど,広い視点をもつことができていました。
- 特に「吾一と京造」の授業では,様々な議論を通して,「吾一が必ず悪いとは思えず,京造が必ず正しいわけでもないと思う」と書くなど,広い視野から多面的・多角的な視点で状況を俯瞰する大切さを実感し,現実で生かしていくことの難しさを実感した上で,よりよい生き方への考えを深めていました。

- 特に「旗」の授業では,「友情や信頼について考えて,日常と生活での自分はどうなのかを考えることができた。孤独に感じている人に自分はどんなことができるだろう,どんなふうに声をかけるだろう」と自らを振り返り,他人との接し方など,自分との関わりも含めて考えを見直し,よくしていこうと考えていました。

1学期の記入文例

Cの視点に関わる文例

- 特に「傘の下」の授業では、「自分でもやってしまいそうな、これぐらいいいかという悪いことが、どれほど他人に迷惑をかけるのか、改めて考えさせられた」と書くなど、自分の考えの甘さや認識の甘さと向き合い、より向上していこうという意欲をもてていました。
- 特に「傘の下」の授業では、「自分も傘を盗まれたことがあって、本当に困った。だから、やり返してやりたい気持ちがあったけど、それは絶対やってはいけないことだと強く思った」と書くなど、広い視点で自分の経験も踏まえて考えられており、道徳的な判断力を正しく磨く活動ができていました。

- 特に「魚の涙」の授業では、今までの考えや見方から視野が広がり、物事を様々な視点から考えられていました。「何か起こってからでは遅い。いじめになる前に気づくことが大切。違うところを認め合っていきたい」と書くなど、自分との関わりも含めて考え、自らの生き方を振り返り、今まで以上によりよく生きる意識を深めていました。
- 特に「魚の涙」の授業では、「さかなクンがこんなにつらい過去を背負っていたなんてはじめて知りました。みんな言わないだけで、深く傷ついている人もいると思うし、自分の言動をもう一度振り返りたい」と書くなど、過去の過ちも含め、しっかり自分との関わりも含めて考えようという強い意志をもてていました。

- 特に「門掃き」の授業では、「何でも手伝うのではなく、相手のできることは尊重してあげることが京都のよさなんだ」と書くなど、様々な行為の奥にある人々の思いにまで意識を広げ、自分の今までの考え方をもう一度捉え直し、深い考え方を手に入れようとする姿勢で授業に臨んでいました。

- 特に「真の国際人　嘉納治五郎」の授業では、「今のオリンピック精神にもつながるような活躍を、日本人がそんな昔にできていたことを知り、誇りに思いました」と書くなど、過去の偉人の姿から高い理想に生きるすばらしさなどに気づき、自分のよりよい生き方への考えを深めていました。

1学期の記入文例

Dの視点に関わる文例

- 特に「あなたはすごい力で生まれてきた」の授業では，「命が生まれるときに，それほどの大変さを乗り越えて自分が生まれたとは思っていなくて，そこまで頑張ってくれた母にもとてもありがたいという気持ちしかない」と書くなど，教材から学んだことを自分との関わりも含めて考え，普段の生活にも生かしていました。
- 特に「あなたはすごい力で生まれてきた」の授業では，「今は母には反抗してばかりですが，自分が生まれてきたのは間違いなく母のおかげだろうし，本当は感謝していることに気づけた。今はできないけど，ちゃんといつか母に伝えようと思う」と書くなど，授業だけでなく，よりよい生き方への考えを深めていました。
- 特に「あなたはすごい力で生まれてきた」の授業では，「自分なんて生きていても何の役に立つのだろうとか思っていたけど，親からもらった命をなんて粗末に考えていたのかと恥ずかしく思った。これからはもっと自分を大事にしたい」と書くなど，自他の命の大切さなどにも気づき，自分のこれからの生き方へ大きく生かそうとしていました。

- 特に「桜に集う人の思い」の授業では，「自然って当たり前のように自分たちの周りにあるように見えて，本当はかけがえのないもので，心の支えなんだと思った」と書くなど，自分たちの周りにも目を向け，自分との関わりも含めて考え，その価値をかみしめようという意欲で授業を振り返っていました。

- 特に「銀色のシャープペンシル」の授業では，「過ちを犯せばすぐに訂正すればいいと思うけれど，それが簡単なことではないのもわかるから，いろんな人の考えを聞いてすぐに決めつけないようにしたい」と書くなど，自分の普段の行動を振り返り，できていないところを直していこうという意欲をもてていました。
- 特に「銀色のシャープペンシル」の授業では，「自分も簡単な気持ちで人のものを使ったりしていたけど，それで気を悪くしている人もいるってわかり，直していくことで今までの自分のだめなことを克服したい」と書くなど，今までの自分を変えて，よくなっていこうという意欲をもてていました。

2学期の記入文例

Aの視点に関わる文例

- 特に「父のひとこと」の授業では、道徳で大切にしようとする価値への理解を深め、自分を見つめ直していました。「自律するのが大切で、自分はできていないと思った」と書くなど、自分が今までできていなかったことを振り返り、実現の難しさを自分のこととして捉え、これからの行動と向き合っていました。
- 特に「父のひとこと」の授業では、「ついついサボってしまう気持ちが自分にもあるけど、責任を果たさないと周りに悲しい思いをさせてしまうことがわかった」と書くなど、今までの自分の行動を振り返り、教材から学んだことを実生活の中にも、教訓として生かしていこうという意欲をもてていました。

- 特に「自然教室での出来事」の授業では、学んだことを自分とつなげ、「普段の生活でも早寝早起きや朝ご飯をしっかり食べるなど自分のためにとても必要だと改めて気づきました」と書くなど、日常生活で必要な行動についても改めて考え直すきっかけになり、自分なりに考えを深めていました。
- 特に「自然教室での出来事」の授業では、今までの考えや見方から視野が広がり、「いろいろな視点から人を見ることができ、失敗して悔しい視点、周りからからかわれる視点…視点を変えるとたくさんの気持ちを考えることができた」と書くなど、多面的・多角的な考えを深めることができました。

- 特に「全てがリオでかみ合った」の授業では、「いくら才能があったとしても、努力しないと、何もうまくならない、だから、あきらめるのではなく、努力していこうと思います」と書くなど、前向きに努力する大切さを実感し、自分との関わりも含めて考えていこうという意欲をもてていました。
- 特に「全てがリオでかみ合った」の授業では、「今まで日本人には無理だと思われていた困難を、一つ一つ努力を積み上げることで克服し、大きな夢をかなえることができたのを知って自分も勇気がもらえました」と書くなど、教材から生きていく教訓を学び取り、生かしていこうという考えをもてていました。

2学期の記入文例

Bの視点に関わる文例

- 特に「地下鉄で」の授業では、「ほかの人への思いやりってなかなか出しにくかったりするけれど、こんなふうにさりげなくできるのっていいなって思いました。恥ずかしくても自分もやってみたいと思いました」と書くなど、教材から刺激を受けて、自分の実生活に生かそうという意欲をもてていました。
- 特に「地下鉄で」の授業では、「今はお年寄りに電車の座席を譲るのもためらいなくできる時代だと思うけど、この子たちも本当はドキドキしながらやったのかもしれないなと思いました」と書くなど、学んだことを実行するのは難しいことを自覚しながら、いろいろな視点から捉え直していました。

- 特に「『愛情貯金』をはじめませんか」の授業では、「あいさつが元気につながる貯金だという考え方を知り、自分にも思い当たるのでやってみたい」と書くなど、授業の内容を自分自身と結びつけ、学習した学びを自分との関わりも含めて考え、実生活に生かしていこうという気持ちが見えました。
- 特に「『愛情貯金』をはじめませんか」の授業では、「礼儀について考えて、日常と生活での自分はどうなのかを考えることができた。はじめての人にもあいさつでふるまうのかも考えられた」と書くなど、今まで知らなかったことを知り、深く学んだ上で、自らの行動や考えを見直していました。

- 特に「部活の帰り」の授業では、「気になる人の前でどう見られるかを考えると、やっぱり気持ちも引き締まるし、悪いことはできないよなって思った。そんな気になる人をもっておくのって実は大事なんだと思った」と書くなど、広い視野から多面的・多角的に考えることでよりよくなれると考えられるようになりました。
- 特に「部活の帰り」の授業では、「誰かにふさわしい自分になりたいって思うから、この男の子の気持ちがよくわかった。本当の自分っていうより、なりたい自分なんだろうけど、そうして変わっていくのも大事なのかもしれないです」と書くなど、高い意識をもち、自分を変えていこうという考えを深めていました。

2学期の記入文例

Cの視点に関わる文例

●特に「仏の銀蔵」の授業では、「自分のことばかり考えていた銀蔵が、周りの人たちに支えてもらって考えが変わったのを読んで、みんな一人では生きていないことに気づいたら生き方を変えられるんだって思いました」と書くなど、自分の生き方を改善する参考に、授業を捉えていました。

●特に「仏の銀蔵」の授業では、「銀蔵が財産を失ったときに、村人たちが銀蔵を助けるのは最初不思議でした。でも困っている人をみんなで支えるという意識が働いたのだと思うし、だからこそ、銀蔵の意識を変えることができたんだと思いました」と書くなど、よりよい生き方への考えを深めていました。

●特に「ヨシト」の授業では、「いじめは私たちのすぐそばにある問題だと思うし、人の弱さも実感できて、このお話を通して、自分はどうだろうって考えることができた」と書くなど、道徳教材で取り上げられていることを自分の問題として取り組み、考えを深めることができていました。

●特に「新しいプライド」の授業では、「働く人の心構えやその苦労、そして喜びまで考えることができました。やっぱり仕事にもプライドがなければいけないと思うし、続けていくのが難しいと思います。そんな仕事を自分も見つけていきたいです」と書くなど、教材から自分のこれからの生き方の指針を受け取っていました。

●特に「家族と支えあうなかで」の授業では、「改めて家族の大切さ、幸せを知ることができました。家族が幸せになるように、長生きできるように自分が頑張ってこれからの人生を楽しみたいと思いました」と書くなど、自分の普段の生活と結びつけて、考えることができていました。

●特に「家族と支えあうなかで」の授業では、「今までの自分を振り返り、ちょっとしたことで親に強く当たってしまったりしていたけど、親は子どものことをよく考えて、行動したり教えてくれたりしていることに気づきました」と書いたように、教材から学んだことから、自己を見つめることができました。

2学期の記入文例

Dの視点に関わる文例

- ●特に「いのちって何だろう」の授業では，「命や友情というテーマで，自分を見つめ直して，相手の気持ちを考えて，相手を大切にできる自分になりたいと思いました」と書かれているように，教材から学んだことを基に，自分なりの考えをもつことができました。教材の内容を自分に置き換えて理解し，今後に生かそうとしていました。
- ●特に「いのちって何だろう」の授業では，「一つの視点ではなく，反論や他の人の視点をふまえた上で考えることができるようになった」と多角的な面から内容を捉え，考えることができました。みんなの意見に耳を傾けて様々な視点から考え，意見を磨き合う議論ができていました。

- ●特に「オーロラ－光のカーテン－」の授業では，「オーロラはそこに行ったとしても必ず見られるとは限らない，と聞いて人間の思いのままにならない存在を恐ろしく，またありがたく感じた。なんだか不思議な感じだった」と書くなど，人知を超えた崇高なものへの畏敬の念を感じるなど，自分をしっかり見つめ深い思考ができていました。
- ●特に「オーロラ－光のカーテン－」の授業では，「映像を見て，生き物のように動いているオーロラを，この目で見てみたいと思いました。人の手の届かないところで輝くオーロラは，自然そのものだと感じました」と書くなど，新たな価値観との出会いを受け止め，自分の中に吸収しようとしていました。

- ●特に「銀色のシャープペンシル」の授業では，「最初，なんですぐ謝らないんだろうと思ったけれど，タイミングの悪いときってこうなってしまうな，と納得した。今は失敗すると大勢に非難されるから，自分は間違いたくないなと思いました」と書くなど，社会性とともに自分との関わりも含めて考えていました。
- ●特に「銀色のシャープペンシル」の授業では，「素直に謝れなかったぼくに対して，友達は間違いをすぐ謝れていた。自分だったらすごく恥ずかしいし，だから「ぼく」はいっぱい考えられたと思う」と書くなど，道徳的な行動に触れ，我が身を振り返り，学んでいこうという意識をもてていました。

3学期の記入文例

Aの視点に関わる文例

- 特に「釣りざおの思い出」の授業では，学んだことを自分とつなげ，これからの生き方について考えが深まっていました。「約束を守ることの大切さを学んだ。当たり前のことじゃないと思った」と書くなど，心の中心に据える大事なことを深く考えつつ，ルールの大切さについても考えることができました。
- 特に「釣りざおの思い出」の授業では，「大切にしていたものが，一つの間違いでつらい思い出になるなんて，悲しすぎるし，取り返しがつかないな，自分ならどうするんだろうと本当にいろんなことを考えた」と書くなど，教材から伝えられた教訓をしっかりと受け止め，自分の生き方に関わらせて考えていました。

- 特に「ネット将棋」の授業では，今までの考えを多面的・多角的に捉え直すことができていました。そのことは，「僕も少し負けず嫌いなところがあって，でも正直に『負けました』を言うことで強くなることがわかったので，正直に認めることも大切なんだ，とわかった」という振り返りからもよく伝わりました。
- 特に「ネット将棋」の授業では，「自分は頑張って結果を出そうともせずくよくよ悩んで，やってないのにあきらめているからダメなんだと過去の自分を見つめ直せた」と書くなど，教材の内容とこれまでの自分の経験から，自分の成長すべきところを自覚し，今まで以上によりよく生きる意識を深めていました。

- 特に「『どうせ無理』という言葉に負けない」の授業では，「町工場の人たちが，あきらめたり仕事にやる気をなくしたりせずに，自分たちが創り出すという意欲をもって取り組む姿にいろんなことを考えました」と書くなど，実行は簡単ではないけれど，広い視野から多面的・多角的に考えることができました。
- 特に「『どうせ無理』という言葉に負けない」の授業では，「いつもあきらめそうになったとき，自分の中の弱い心に負けないようにしたい」と書くなど，授業で学んだ教訓を普段の自分の生活との関わりも含めて考え，しっかり深めていこうという意欲をもって授業に臨んでいました。

3学期の記入文例

Bの視点に関わる文例

●特に「その人が本当に望んでいること」の授業では、「もしこんなときどうするんだろうと、考えることがよくある僕にとって、みんなと議論したのはとても楽しい体験でした。他の人と自分の考えの違いを知ることは今後の役に立つと思います」と書くなど、学んだ道徳的内容を他の人と積極的に交流できるようになってきました。
●特に「その人が本当に望んでいること」の授業では、「一つの場面でも、立場によっていろんな捉え方になるんだと実感できて、とてもよい授業でした」と書くなど、道徳の時間を通して様々な見方に触れ、多面的・多角的な見方で物事を捉え直す視点を、友人との議論を通して、しっかりと身に付けていました。

●特に「律子と敏子」の授業では、物事を様々な視点から考えられていました。「主人公の気持ちに立ってみると、律子と最後まで仲良くしたいという気持ちがわかりました」と書くなど、家族や身近な人への感謝の気持ちを深め、自分を見つめなおして今後の生活に生かしていこうという気持ちが高まっていました。
●特に「律子と敏子」の授業では、「律子と敏子は心の距離が少し離れたけど、空港では正直な気持ちになれていた。僕もこのような友人関係を築いていきたい」と書くなど、互いを思いやる友人関係の構築へ憧れの念を抱き、よりよい生き方を求めようとする心情を高めていました。

●特に「言葉の向こうに」の授業では、「ネットではいろんな情報がすぐ手に入るから便利だと思っていたけど、一方通行のコミュニケーションを送り合ってるように感じるって意見に納得したし、自分も言葉に表れていない部分が伝わっているか、慎重に付き合おうと思った」と書くなど、現代の交流の課題を自分のこととして感じていました。
●特に「言葉の向こうに」の授業では、「見えない相手とのやりとりって怖いことも多いし、すぐ炎上するイメージがあるから、気をつけないといけないなと思いました」と書くなど、情報化社会の課題なども意識し、登場人物の経験を自分との関わりも含めて考えようという意欲をもてていました。

3学期の記入文例

Cの視点に関わる文例

●特に「席替え」の授業では，学んだことを自分とつなげ，これからの生き方について考えが深まっていました。「相手がどのような人であれその行動が正しいかどうかを見極めるのは必要な力だと知りました」と書くなど，平等で公平な立場でものを見る力が必要であることを強く感じていました。

●特に「町内会デビュー」の授業では，「自分はあまり地域の活動に参加したことがないけれど，地蔵盆や掃除など，いっぱい地域の人にやってもらっていることに気づきました」と書くなど，実生活での経験を話し合いに生かして，道徳的な行動について生き生きとした学び合いができていました。

●特に「一粒の種」の授業では，互いの意見を磨き合う経験を通して，物事を様々な視点から考えられていました。「自分の意見だけ主張するのではなく，周りの意見も尊重することが大切だと思った」と書くなど，今までの自分からより向上しようという意識で授業に臨んでいました。

●特に「ぼくのふるさと」の授業では，「登場人物にとっての故郷を考えたときに，『じゃあ自分にとっても故郷は何で，どんなことを守っていきたいか』と考えた」と書くなど，常に道徳の授業で学んだ価値について，自分の生活と照らし合わせ，新たな視点で考え直そうとする姿が見られました。

●特に「奈良筆に生きる」の授業では，「筆づくりがこれだけ奥の深いものとは思ってもみませんでした。そんな伝統を守るってすごく大変だろうけど，誰かが受け継いでくれたから今があるんだろうなと思いました」と書くなど，目に見えることだけでなく，周りの多様なところまで意識して考えることができていました。

●特に「奈良筆に生きる」の授業では，「日本の技術力という言葉をよく聞くけれど，伝統というものの基本はこういう一人ひとりの手作業なんだろうなと考えました」と書くなど，物事の本質を見極め，自分との関わりも含めて考えて，幅広い視点で世の中を見つめることができていました。

3学期の記入文例

Dの視点に関わる文例

●特に「捨てられた悲しみ」の授業では,「私も犬を飼っているので,捨てられた犬たちが殺処分される話はとてもショックでした。それでも,最期を看取ろうとしている職員の人の話を聞き,命と向き合うって意味をすごく深く考えました」と書くなど,教材からの問いかけに自分を深く見つめ,正面から向き合い,考えを深めていました。

●特に「捨てられた悲しみ」の授業では,「自分の飼っているネコの死ぬときのことを考えると,とても悲しいけど,それでも逃げずに看取ってあげたいと感じました」と書くなど,授業で考えたことを,その後もしっかりと深めており,自分との関わりを含めてこれからの考えにまで根づかせていました。

●特に「いつわりのバイオリン」の授業では,「正直に言えなかったフランクが流した涙の意味をみんなで考えたときに,恥ずかしさや後悔までは考えたけど,ロビンに対する『ありがとう』という見方は気づかなかったから,とても勉強になった」と書くなど,授業の中での話し合いを生かし,新たな視点に気づくことができていました。

●特に「いつわりのバイオリン」の授業では,「フランクは気の迷いから貼り直したラベルのせいで,自分の誇りを失ったのだと思います。高い理想を支えるのは『自分がつくり上げたのだ』というプライドなんだなと改めて感じました」と書くなど,高い理想を生み出す考え方まで自分との関わりも含めて考えていました。

●特に「二度と通らない旅人」の授業では,「取り返せない後悔をした経験があるから,いつまでもそのことを忘れないでいられると聞いて,自分の中のつらい思い出もそういう形で生かすことができるんだと思いました」と書くなど,教材から新たな視点を受け取り,それを自分の中に昇華させることができていました。

●特に「二度と通らない旅人」の授業では,「他人にひどいことをしたのに,恩で返してもらったら,自分のことが恥ずかしくなるのは,すごくよくわかる。人にやさしい自分でいたいと思った」と書くなど,自分の未熟なことを認め,それを変えていきたいという考えを強くもつことができていました。

(中山)

【執筆者紹介】（執筆順）

柴原　弘志	京都産業大学教授
末冨　令子	山口県防府市立右田中学校
星　美由紀	福島県郡山市立郡山第五中学校
鈴木　賢一	愛知県あま市立七宝小学校
林　和伸	栃木県佐野市立田沼東中学校
岡田多惠子	茨城県稲敷市立新利根中学校
柴田八重子	愛知淑徳大学非常勤講師
和井内良樹	宇都宮大学准教授
海老沢　宏	東京都八王子市立宮上中学校
堀川　真理	新潟県新潟市立巻西中学校
松原　好広	東京都江東区立大島南央小学校長
藤永　啓吾	山口大学教育学部附属光中学校
東　拓	北海道幕別町立札内東中学校
増田　千晴	愛知県江南市立古知野中学校
小貝　宏	東京都新宿区立四谷中学校
谷内　宣夫	高知県土佐町立土佐町小中学校長
中山　芳明	京都府京都市立藤森中学校